汽车4S店
营销模式与活动策划

QICHE4SDIAN YINGXIAOMOSHI
YU HUODONGCEHUA

杨婧 ◎主编

SPM
南方出版传媒
广东经济出版社
—广州—

图书在版编目（CIP）数据

汽车4S店营销模式与活动策划 / 杨婧主编 . —广州：广东经济出版社，2016. 12
ISBN 978－7－5454－4937－2

Ⅰ. ①汽… Ⅱ. ①杨… Ⅲ. ①汽车－专业商店－经营管理Ⅳ. ①F717. 5

中国版本图书馆 CIP 数据核字（2016）第 261698 号

出 版 人：姚丹林
责任编辑：蒋先润
责任技编：许伟斌
装帧设计：汪要军

出版发行	广东经济出版社（广州市环市东路水荫路11号11～12楼）
经销	全国新华书店
印刷	湛江日报社印刷厂 （广东省湛江市赤坎康宁路）
开本	730毫米×1020毫米　1/16
印张	17. 5
字数	321 000字
版次	2016年12月第1版
印次	2016年12月第1次
印数	1～5 000
书号	ISBN 978－7－5454－4937－2
定价	45. 00元

如发现印装质量问题，影响阅读，请与承印厂联系调换。
发行部地址：广州市环市东路水荫路11号11楼
电话：（020）38306055　37601950　邮政编码：510075
邮购地址：广州市环市东路水荫路11号11楼
电话：（020）37601980　营销网址：**http://www.gebook.com**
广东经济出版社新浪官方微博：**http://e.weibo.com/gebook**
广东经济出版社常年法律顾问：何剑桥律师

前　言

Preface

目前，我国车市遭受着一场空前的“库存危机”。厂商销量一路飙升与经销商库存高企、利润亏损，引起强烈反差。可以说汽车经销商（主要指汽车4S店）都面临着不同程度的亏损，许多品牌经销商纷纷“倒戈”，集体退网、联合谋求补贴，车企与经销商的矛盾屡屡被激化。

“库存危机”表面是车企面对急速变化的市场环境，没能及时调整政策，导致经销商经营困难，实际上是我们的消费群体、消费需求、消费渠道、消费习惯、消费频率都发生了巨大的变化。面对新的形势，汽车4S店应重视和发展市场研究，提高营销思路的开发、营销战略的研究以及策略的实时调整，以便对企业的发展起到积极的推动作用。

随着新《汽车销售管理办法》（以下简称《办法》）的即将出台，这个被业内人士视为汽车流通领域“基本法”的新《办法》，引发广泛关注。新《办法》注重在供给侧发力，一方面充分尊重市场，通过减少垄断、增加竞争，更好发挥市场在配置资源中的决定性作用；另一方面鼓励企业根据需求新变化，大胆创新，朝着“竞争更充分、渠道更多元、选择更多样、服务更优质”的方向发展。新《办法》的最大亮点就是鼓励汽车销售模式多样化，鼓励发展共享型、节约型汽车销售及服务网络，推动汽车流通模式创新，积极发展电子商务。这意味着汽车4S店模式作为唯一授权销售形式的时代彻底结束，新兴销售渠道和传统销售体系的共生融合成为趋势。

那么作为传统汽车销售的4S店的管理者、策划者就应采取形式多样的营销模式、策划丰富多彩的营销活动来吸引消费者的关注与认可。同时，还需要开展丰富的内部活动来调动员工的积极性，使得他们配合汽车4S店做好销售工作。

随着互联网的发展，汽车4S店传播的渠道和方式更是异彩纷呈。许多汽车4S店的营销方法也是层出不穷，甚至每逢节假日、淡季旺季以及周年庆等各个节点都要组织相应的营销活动。

一次好的市场营销活动可以帮助汽车4S店在短期内提高销售额，提高市场占有率，提升企业知名度和增加品牌美誉度。然而，策划组织一个创意特别、组织严密、客户认可、气氛良好以及业绩显著的营销活动是一件难度极高的事情，许多汽车4S店都为之费尽心机、绞尽脑汁，却未必能够取得理想的结果。

本书便是应许多困惑的汽车4S店营销策划者和管理者的需求编著而成。本书主要包括营销模式与活动策划两个部分，营销模式主要讲述的是传统营销模式和互联网下的电子商务模式，活动策划主要结合地产业的特点，讲述各项营销活动的策划过程、细节、要点，并且提供大量的行之有效的策划案范本供参考。

本书突出的特点是：

◇模块化设置，全书分营销模式和活动策划两个部分。

◇文中运用了大量的图表，加入了“实战范本”“相关链接”等栏目，对各知识点进行丰富和拓展。

◇充分考虑到现代人快节奏、高压力的工作方式，去“理论化”而重实际操作性，所有知识点使用精确而简洁的方式进行描述。

本书在编辑整理的过程中，获得了许多汽车4S店从业人员的帮助和支持，在此对他们付出的努力表示感谢！

目　录
Contents

第一部分　汽车4S店营销模式

1999年后，汽车4S店在中国各地像雨后春笋般出现。汽车4S店的竞争也越来越激烈，为了能在竞争中谋得生存和发展，汽车4S店的营销策略研究显得尤为重要。4S店除了加强售后服务增加利润之外，形成规模效益和稳定的客户群体也成了目前4S店可持续发展的主要途径。

以电视、广播和纸媒为途径的传统传播模式，已经遇到了成长的“天花板”，而以微信朋友圈口碑传播为主要表现形式的微信营销，因为拥有了海量用户和实时、充分的互动功能，正成为营销利器。

自微博诞生以来，微博营销一直被各种大小企业所关注重视。在微博上，更多的汽车4S店在这一领域开始了自己的营销之路，而且因为便捷、款式多种多样和性价高，越来越受到人们的青睐。

APP凭借天然的精准性、位置化、长尾性、互动性以及高用户黏性，成了品牌"自营销"的工具，敲开了品牌入驻移动营销的大门。而汽车行业，作为创新营销最为忠实的拥趸和实践者，在探路APP营销的过程中也是创意连连、斩获颇丰，APP成为汽车业营销标配的趋势明显。

谈及汽车团购，所有人似乎都并不陌生。如今经销商面对的整体供求关系紧张、销售任务的压力已然不是什么新鲜事，汽车团购作为一种时下流行的汽车营销方式正如雨后春笋般地出现在市场上。

汽车4S店店面营销是一种交易营销，主要强调将尽可能多的产品和服务提供给尽可能多的客户。尽管新式营销技巧不断涌现，不过商家仍不可摒弃店面营销，应发挥店面营销的优势来提升汽车4S店的销售业绩。

客户是企业利润的来源，根据2/8原则，大客户则是企业创造利润的关键，大客户的价值无意之中被提升到战略的高度，因此如何真正体现并提高大客户的价值从而为企业创造更大的利润则成为一门值得任何一个企业去深入研究的学问。

无论是物资匮乏的古代社会，还是在信息化高速发展的现代社会，在商品的售卖过程中，广告无处不在。随着经济全球化和市场经济的迅速发展，在汽车4S店营销战略中，广告营销活动发挥着越来越重要的作用，是汽车4S店营销组合中的一个重要组成部分。

跨界营销，从趋势来看是一种不错的玩法，2016年也会越来越盛行，好的跨界不是一次合作，也不是简单的媒介组合，而是形成跨界生态。让原本毫不相干的元素相互渗透、相互融合，带来立体感和纵深感，从而产生新的亮点。

第二部分 汽车4S店活动策划

节假日期间如何才能吸引消费者有限的注意力，做大做活节假日市场，已成为汽车销售任务的重中之重。汽车4S店如果能够真正地把握节假日消费市场的热点和需求变化趋势，做出符合目标市场的策划方案，必能获得可观的回报。

车展作为一个平台、一个纽带，把汽车4S店和消费者连起来，既给消费者提供了一个很好的购车和赏车的平台，同时也给汽车4S店一个宣传品牌、展示新车型的机会。车展营销已经成为拉动车市销量的一个重要有效的组成部分。

对于汽车4S店来说，策划一场成功的庆典活动能宣传企业的产品，提高企业的影响力。同样，在庆典活动中也可以邀请同行业以及周边行业的人而广交朋友，同时也会具有较高的新闻价值，这样通过网络或其他的方式也宣传了企业的知名度和美誉度。

会员是汽车4S店赖以生存和发展的重要资源。汽车4S店不定期地举办会员活动，不仅可以将潜在用户和目标用户全部抓取，也能保持企业的品牌形象。同时，会员活动是将会员和企业联系起来的一个重要通道。

在4S店利润逐年下滑的当下，大多数车商还是依靠厂家提供的经费举办活动，为缩减成本，其对自身形象活动的举办显得非常慎重。因此，对于想打造自身品牌的车商，“社会效应大”成为其最重要的指标，更好地塑造企业形象的公益活动逐渐成为品牌打造的“新招”。

01 PART ONE

第一部分

汽车4S店营销模式

第一章　汽车4S店营销概述

章前导引

1999年后，汽车4S店在中国各地像雨后春笋般出现。汽车4S店的竞争也越来越激烈，为了能在竞争中谋得生存和发展，汽车4S店的营销策略研究显得尤为重要。4S店除了加强售后服务增加利润之外，形成规模效益和稳定的客户群体也成了目前4S店可持续发展的主要途径。

第一节　汽车4S店营销模式的转变

随着汽车品牌越来越多，竞争也越来越激烈，消费者的需求也越来越多样化，在这样的情况下，汽车厂商和经销商也应该有新的适合当下汽车销售市场的营销模式。

一、符合国情的营销模式

近年来，因为环境和道路交通问题，我国一些大城市已经采取严厉的限行限购政策，但即便如此，我国二、三线城市居民对汽车存在着很大的刚性需求，面对这样的情况，汽车厂商和经销商应该做出我国国情和政策的营销模式。

二、以客户需求为核心的营销模式

不管哪种营销模式，都应该以适合特定消费者的特征，以满足特定消费者的需求为最终目的。以消费者的需求为导向的营销模式才是最科学的、最合理的、最有效的。

（1）汽车营销模式的建立也必须以符合消费者需求为导向。汽车生产企业无论采取何种销售模式，都要以消费者的利益为中心，处处给消费者带来更多让渡价值。只有这样，才能赢得消费者、赢得市场、赢得发展。

（2）在维护消费者利益的前提下，汽车营销模式的建立还需从全局出发，综合厂商、经销商、消费者各方利益，达到“双赢”效果，以维系汽车营销模式的良性发展。

三、多样性的营销模式

由于我国特殊的国情限制和汽车工业的发展现状，以及各种不同形式的汽车营销模式具有不同的优缺点，都具有特定的适用范围和消费者群体，这就决定了单一的营销模式在我国不可行，应该建立多样性的汽车营销模式。

（1）要依据市场规律和变化的市场，结合生产企业的特征和特定的消费者群体，建立具有特色的多种形式的汽车营销模式，以便适应各种不同层次的消费者的需求。

（2）除了建立代理制、专卖店营销、特许连锁经营、汽车超市、汽车4S店、饥饿营销等传统形式的营销模式外，还可以建立网上购车、汽车电子商务、体验式营销等形式的汽车营销模式，并积极探索新的汽车营销模式，实现各种模式取长补短、协调发展，通过市场的竞争来实现优胜劣汰，提高汽车营销的整体实力。

值得一提的是，近年来，不少汽车品牌经销商打着所谓的“饥饿营销”的幌子促销，有的可能成功地提高了汽车销售额，但后续力不持久，有的汽车企业不仅没有因为“饥饿营销”成功，反而因此影响了品牌形象。可见，盲目的通过“饥饿营销”而促销，并不是长久的营销之计。

相关链接

汽车“饥饿营销”何时尽

“饥饿营销”是指商品提供者有意调低产量，以期达到调控供求关系、制造供不应求的“假象”，维持商品较高售价和利润率的营销策略。同时，“饥饿营销”也可以达到维护品牌形象、提高产品附加值的目的。

“饥饿营销”就是通过调节供求两端的量来影响终端的售价，达到加价的目的。表面上，“饥饿营销”的操作很简单，定个叫好叫座的惊喜价，把潜在的消费者吸引过来，然后限制供货量，造成供不应求的热销假象，从而提高售价，赚取更高的利润。

为此，汽车“饥饿营销”逐渐在汽车行业里大行其道。“饥饿营销”的方式始创于1998年广州本田雅阁时代，这种营销方式使广州本田赢得了市场的尊重，并收获了丰厚的果实。面对汽车细分市场的竞争越来越激烈，按照正常的销售套路是很难取得消费者关注的，只有采取别的销售方式才能打开销量之门，所以“饥饿营销”便成了众商家模仿和采用的方式。

中国车市在多年的培育之后，正在逐渐告别炒作时代，消费者正日益走向理性。在摒弃了各种“恶炒”手段之后，产品固有的优势开始逐渐凸现，主打产品技术和内涵的车型开始得到消费者的认可。

许多消费者对厂家这种所谓的“饥饿营销”也心知肚明。有的消费者直接说到，虽然厂家的“饥饿营销”这种销售方式能起到一定的作用，也能使得很多消费者跟随大众去排队购车，但到最后，一旦消费者认清了厂家的真正面目，就会起到相反的效果，对厂家生产的任何品牌车都可能造成一种无形中的抵触，厂家用“饥饿营销”这种方式就是搬石头砸自己的脚。

大多数消费者都了解“饥饿营销”的销售方式，他们认为不会为了某一款车而去等待那么长时间或者非要加价非要去买，现在可供消费者选择的车型很多，没有必要再“单恋一枝花”。在目前商品日益丰富和愈来愈同质化的今天，人为制造短缺是有一定风险的。所以，限量的前提必须是该商品具有其他同类商品在某种属性上不可替代的优势。

现如今，其他厂家在如法炮制广本这种“饥饿”销售方法可谓有点东施效颦了。为什么其他厂家就没有广本的好运气呢？其中一点就是目前各种档次各种车型都今非昔比了。从单一品牌到几百种车型，消费者可以凭借自己的喜好和自己的经济能力来选购所需的爱车，而不是就只能买某一款车型。

若是刻意控制产量进行“饥饿营销”，这是一种营销技巧，但是厂家一而再，再而三的使用，未免也太贪婪太幼稚了，中国现在的汽车市场早过了适合玩“饥饿营销”的时候。一些厂家一再地在媒体上放话说自己的订单要排到什么时候，不过是夸夸其谈，为自己的“饥饿营销”铺路而已。想一想，这可能吗？虽然一些新车上市的反映是不错，但也不至于热销到需要订车排队几个月的程度。说句实话，要排到几个月之后提车，谁还买你这旧车啊，现在车型生产这么快。要是等久了，消费者也失去了耐性，买车又不是只能买这一种。

四、差异化的营销模式

对于汽车厂商和经销商来说，如何做到与别人不同，突出自身产品的独特性，形成差异化的市场营销结果，是如今在竞争日趋激烈的车市中制胜的重要手段。汽车差异化营销是达到差异性市场营销的一种非常有效的营销方式。那么如何进行汽车差异化营销呢？具体措施如下图所示。

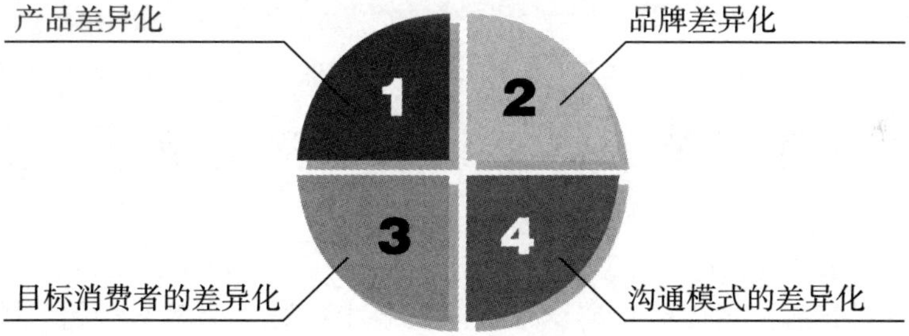

差异化营销的措施

1. 产品差异化

产品差异化是指在产品的工艺、质量、性能等方面做到明显优于同类产品的厂家，在满足用户基本需要的前提下，致力于产品本身的差异化，是差异化战略最根本的手段。汽车产品差异化要基于对市场和对手的了解，才能为特定用户量身定做合适的汽车产品，并能以不超过客户的心理价格预期为导向来实现。

2. 品牌差异化

品牌差异化是指为品牌在消费者心目中占领一个特殊的位置，以区别于竞争品牌的卖点和市场地位。汽车品牌差异化要比产品差异化难得多，因为品牌是消费者和社会公众心目中的一种认知和判断总和，这是依靠厂商很长时间对外传播以后形成的，尽管很有可能厂商希望传达的东西与消费者的认知并不尽相同。

3. 目标消费者的差异化

目标消费者的差异化属于差异化营销中概念差异化的范畴，也就是说厂商对自己的产品定义一个与其他对手不同的“概念”和“潮流”，让消费者形成一种新话题和新观念，并且对号入座产生购买行为的方法。

4. 沟通模式的差异化

沟通模式的差异化包括广告、活动、公关、车展和试乘试驾等与消费者沟通的方式。每个汽车厂商和经销商都在做与消费者的沟通方式，但其实能做到让消费者认同并有购买的冲动的并不多。这也就要求厂商能从不同的角度、运用不同的方法、使用不同的媒介等来发动传播战役。

第二节 汽车4S店的营销策略

现在我国4S店数量已经跃居全球前列，各个品牌4S店基本都超过了百家。由于连续数年的投资过热，加上金融危机影响和全球汽车制造厂商在中国市场上的偏重，中国4S店市场上遭遇了前所未有的激烈竞争和生存挑战，面临着严峻的危机和惨淡现状。为了生存，汽车4S店唯有改变营销策略，才能在激烈的市场竞争中保留一席之地。

一、做好市场定位

根据目前的实际情况，主要有三种定位方式：高端消费者、中端消费者和经济型消费者。

1. 高端消费者

对于高端消费者来说，为了得到更优质省心的服务，钱并不是他们首先考虑的。把钥匙交给4S店，然后就可以坐在装潢精美的4S店休息室里喝着咖啡、听着音乐，等着把车修好，先进的维修设备让用户得到了信心，也给消费者带来了保障。

2. 中端消费者

对于定位中端车的消费群体来说，是因为制造商和消费者都很看重品牌，4S店这种经销形式有助于品牌的树立。

3.经济型消费者

对于定位经济型车的消费群体来说，可以考虑以“汽车量贩超市”的模式。

比如，在汽车展厅里汇聚哈飞路宝、雪佛兰spark、威姿、夏利、奇瑞风云等主流经济车型。

该种模式可以整合资源，运用市场细分等营销手段，以选择性强、薄利多销、方便快捷的“超市”理念，赢得经济车型的巨大市场。

二、厘清制造商关系

厘清制造商关系就是解决4S店的利润博弈问题和市场布局的问题，4S店必须处理好与生产制造商之间的关系，才能解决好4S店的生存和发展问题。因此，制造商必须与经销商联合起来，主要方法如下图所示。

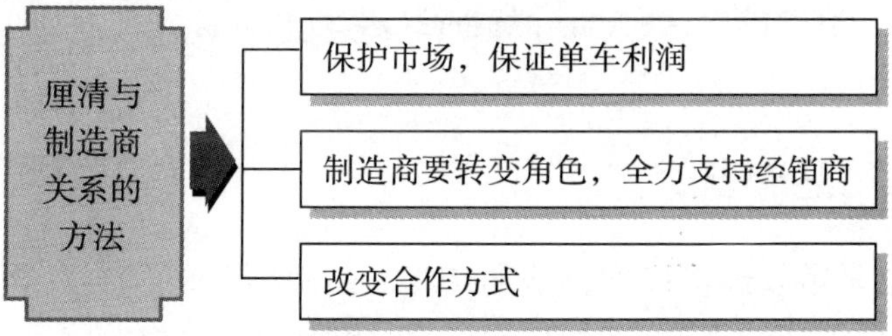

厘清与制造商关系的方法

1. 保护市场，保证单车利润

作为管理角色的制造商对经销商降价“秘而不宣”，出现这样的局面完全是制造商单纯追求销量的结果。而无序的竞争必然导致经销商利润的下降，服务标准也有可能随之下降。因此，制造商必须与经销商进行通力合作，共同保护市场。

2. 制造商要转变角色，全力支持经销商

不少投资者本身并没有汽车销售背景，如何运营展厅、如何控制成本、如何管理动荡的销售队伍、如何把握市场、如何策划、如何组织等这些现实问题。因此，制造商应该从管理者转变为服务者，为经销商提供大力支持和帮助。

3. 改变合作方式

经营一家4S店，流程经销商需要先期投入大量的资金和精力才可以获得专营许可权，并且承担着资金和库存的压力。因此，在市场压力和资金压力双重压力的情况下，制造商可以采取由制造商融资、改变新车结算方式等合作方法来帮助经销商共同面对压力，获得双赢。

三、提升服务质量

如今消费者对于汽车产品售后服务要求越来越高。尽管消费者可以通过硬件感受到4S店本身的实力、形象，但是对4S店以及品牌车的信任程度却是通过服务来体现的。因此，优质的服务质量必须靠持续不断的、一贯的标准和不断改进提升的标准来维系。提升服务的质量，实行诚信经营，尽量完善业务涉及的各个环节，提高和培养客户的忠诚度，让消费者满意。

四、强化品牌营销

品牌营销是市场经济高度竞争的产物。品牌形象来源于消费者的理解和认同，如果建立不起与消费者沟通的渠道，不能取得消费者的信任，品牌忠诚度就等于零。因此，作为4S店，必须强化品牌营销策略，注意加强产品品牌和自身服务品牌的营销，提升消费者满意度，强化品牌忠诚度，为4S的发展奠定坚实的基础。

五、大力培养人才

目前，很多制造商在急速铺设网点时，往往忽视了服务和管理，一些4S店的销售人员素质连最基本的公关礼仪知识都缺乏，服务态度差，售后维修服务偷工减料、虚瞒报价等事情也时有发生。因此，4S店必须要从自身做起，努力培养一批高素质的营销队伍和售后服务队伍，才能为即将到来的竞争打下坚实的基础。4S店在人才培养方面，可以采取下图所示的措施。

措施一	公司内部日常培训，主要是树立全线员工的全员服务意识，培养员工的气质、风度、礼仪和人际关系能力，提升公司员工的综合素质
措施二	与制造商联合开展技术、知识、产品等方面的培训，提高员工的综合技能素质，强化4S的软件建设
措施三	与专业培训机构建立长期的合作关系，对员工进行思维能力的训练
措施四	开展专门针对管理层的培训，提高管理人员的素质，提升工作效率，强化内部管理，降低内部成本

培养人才的措施

六、推行“一站式”服务

4S店应根据市场的变化和消费者的需求，推行“一站式”经销模式，赋予全新的营销理念及运作机制。其核心思想不是一般的降价竞争，以及品牌、车型的竞争、推销力度竞争等，而是建立一种连贯消费者与制造商或更大的社会层面建构新的经销模式，为客户提供购买、维修保养、按揭、上户等一系列全套服务，是具有非常竞争力的模式。

总之，4S经销商必须根据自身的现实情况和特点，树立起“以客户为中心”的服务理念，开发新的销售渠道和经销模式，制定积极主动的服务策略，为消费者创造更大的价值，提高顾客满意度和忠诚度，才能在激烈的市场竞争中求得生存和未来的发展。

相关链接

加强汽车4S店服务营销的策略

现如今，中国国内的汽车市场逐渐成长，国内汽车顾客的消费观念也不断地转变，需求也越来越多样化。同时，对产品、服务的需求也越来越高。汽车品牌的竞争已经渗透到营销服务的整个体系。这就要求4S店不仅要保证服务质量，而且还必须具备高度职业化的服务意识，实施现代化的服务营销管理。

1. 强化服务意识提高服务水平

如果服务的顾客感知水平等于或高于预期水平，那么满意度高，则认为企业具有较高的服务质量，反之，可以认为企业服务水平较差。从这个方面来说，服务质量在服务营销中占据了不可估量的位置。顾客一般对服务质量的期望较大。预期服务质量受四个因素影响：市场沟通、企业形象、客户信誉和客户的需求。市场营销包括广告、公共关系和宣传活动，受企业的直接控制。如果企业在广告上，夸大自己的产品和服务，那么提供给客户的心理预期质量就会高，一旦客户联系业务，发现真实的服务质量比不上宣传的服务质量，感知服务质量将大大降低。

2. 建立维护并促进与客户之间的关系

汽车4S店要取得利益的最大方法是要开展客户资料信息，挖掘客户信息，因此要注意的是，时常更新顾客的资料。对此汽车4S店要专门成立一个信息部门，保证客户关系管理的正常运作。以便更为有效地赢得客户和留住客户。提供各种情感服务如：

（1）提醒服务，像天气路况、车险续保、车辆保养、驾驶证件年检等服务要时常提醒顾客。

（2）沟通交流服务，现在随着电子智能的发展，汽车4S店可以通过微信、飞信、短信、微博、电子邮件等方式将企业所举办的各种营销活动传递给顾客，邀约顾客参加活动等。

但是服务营销策划部门一定要根据不同层次的顾客举办不同的活动。例如，对于开车的新手来说，需要的是各方面比较全面的服务，小到驾驶、车险等，大到故障应急处理。使顾客与汽车4S店的关系一直保持平稳，带来更多效益。

3. 增强售后服务质量

在激烈的市场竞争中，汽车4S店想要有长久的发展，取得一席之地。首先，质量上要有严格的标准，把产品质量作为首任。其次要制定一套全方位的售后服务体系，积极解决顾客所购买的产品出现的问题。最后，把所出现的问题进行总结，以防有下次问题产生。为了使顾客的受益最大化，汽车4S店需制定一套保障体系来完善顾客的权益，以保障企业的信誉度：

（1）增强出厂前的质量检验，将问题最小化。通过技术作业人员清晰掌握安全防护措施，通过强化检修标准化和管理规范化，加强检修过程控制，确保汽车机组设备正常运行。

（2）跟进售后服务。顾客所购买的产品出现故障，要第一时间跟进，并解决。信息要做到及时反馈，以防问题再次出现。找出故障的最根本原因，对负责人进行处罚。

（3）建立质量监督部门。购车的顾客由汽车4S店集中起来，组成一个质量监督部门，进行各方面的监督检查，以便企业有一个大的提升。

第二章　汽车4S店微信营销

章前导引

以电视、广播和纸媒为途径的传统传播模式，已经遇到了成长的“天花板”，而以微信朋友圈口碑传播为主要表现形式的微信营销，因为拥有了海量用户和实时、充分的互动功能，正成为营销利器。

第一节　微信营销认知

一、什么是微信营销

微信营销是网络经济时代营销模式的创新，是伴随着微信的火热产生的一种网络营销方式。微信不存在距离的限制，用户注册微信后，可与周围同样注册的“朋友”形成一种联系，用户订阅自己所需的信息，商家通过提供用户需要的信息，推广自己的产品进行点对点的营销方式。

二、微信营销的优势

微信营销是网络时代对传统营销模式的一次创新，为众多行业带来了契机，为企业管理者拓展了新的营销思路，借助微信平台可以实现品牌推广、渠道扩展和客户服务等功能。微信营销具有下图所示的优势。

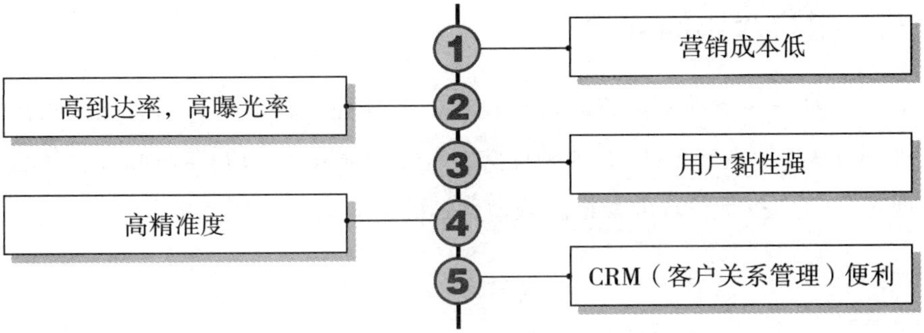

微信营销的优势

1. 营销成本低

传统营销一般需要借助大众媒体或开展落地活动，营销推广成本高。而微信本身是免费使用的，团队组建、运营、监控管理的成本也较低。

2. 高到达率，高曝光率

到达率和曝光率是衡量营销效果很重要的两个指标，手机短信和邮件群发容易被屏蔽，而微信公众号群发的每一条内容都能100%到达所有用户；而与微博相比，微信信息也具有更高的曝光率。

3. 用户黏性强

微信是建立在信任的基础上，一般是朋友间的关注，对于推送的内容更容易被接受，推广效果更好，且便于忠诚用户向他人推荐分享，传播性高。如果是微信公众平台也是用户主动添加的，那么用户黏性就强，流失率就低。

4. 高精准度

用户在关注微信时，商家就可以获取到用户的性别、年龄、区域等属性，这样就能够根据用户属性投放内容；建立在许可式主动订阅的基础上，每一个用户都是商家的潜在客户，推送的内容易被接受。

5. CRM（客户关系管理）便利

目前，微信公众号分为订阅号和服务号，尤其服务号适合做CRM，由于通过微信平台可以获得很多用户资料，便于建立客户关系管理，为后续的营销推广做好准备。

三、微信营销的方式

微信一对一的互动交流方式具有良好的互动性，精准推送信息的同时更能形成一种朋友关系。基于微信的种种优势，借助微信平台开展客户服务营销也成为继微博之后的又一新兴营销渠道。微信营销的方式有下表所示的几种。

微信营销方式

序号	方式	说明	备注
1	漂流瓶	把消息放进瓶子，用户捞起来得到信息并传播出去	随机方式推送信息
2	位置签名	在签名档上放广告信息，用户查找附近或者摇一摇的时候会看到	路牌广告，强制收看
3	二维码	用户扫描二维码，添加好友，进行“互动”	表面是用户添加，实际是得到用户关系
4	开放平台	把网站内容分享到微信或者微信内容分享到网站	与各种分享一样
5	语音信息	通过语音推送和搜集信息，类似微信热线	
6	公众平台	微博认证账号，品牌主页	专属的推广渠道

四、微信公众号

微信公众号目前已经成了4S店除网销平台外的标准配置了，可见4S店都越来越清醒地认识到微信用户基数的庞大，需要足够重视客户的需求，应对客户沟通和服务上的瓶颈。

1. 微信公众号的分类

微信公众号分为公众平台服务号和公众平台订阅号。公众平台服务号旨在为用户提供服务；公众平台订阅号，旨在为用户提供信息。订阅号与服务号各有优劣，具体如下表所示。

订阅号与服务号的优劣

序号	账号类型	优势	劣势
1	订阅号	（1）可以每天推送消息 （2）保持较高的曝光率 （3）用户无须到店也能及时获得优惠	（1）消息被并入二级菜单，打开率低 （2）需要专人长期进行维护 （3）顾客需要回复关键词才能进行互动
2	服务号	（1）顾客能直接收到消息提醒 （2）顾客可以通过底部自定义菜单直接找到优惠信息 （3）方便顾客使用 （4）使用服务号的都是大企业，有利于树立品牌形象	每月只能发送4次信息

相关链接

服务号与订阅号的区别

服务号给企业和组织提供更强大的业务服务与用户管理能力，帮助企业快速实现全新的公众号服务平台。订阅号为媒体和个人提供一种新的信息传播方式，构建与读者之间更好的沟通模式与管理模式。两者的区别如下：

1. 适用的人群不同

服务号适用于媒体、企业、政府或其他组织；订阅号适用于个人、媒体、企业、政府或其他组织。

2. 群发消息的不同

服务号一个月（自然月）内仅可以发送4次群发消息；订阅号每天（24小时内）可以发送1条群发消息。

3. “高级功能”的不同

服务号的高级功能里比订阅号的高级功能多一项自定义菜单功能，这个功能可以丰富会话窗口，增加用户的体验度。

4. “服务中心”功能的不同

服务号和订阅号的服务中心都有基础接口、微信认证这两项功能，但服务号比订阅号多了自定义菜单、高级接口这两项功能。

5. “我的服务”功能的不同

服务号的“我的服务”有基础接口和自定义菜单两项功能，可根据需要自定义相关菜单；订阅号我的服务中只有基础接口一项功能，只能用作设置消息。

6. “统计”功能不同

服务号的统计有四项功能，前三项和订阅号是一样的，操作和功能也是一样的。只有第四项，接口分析是服务特有的，订阅号是没有的。

2. 微信公众号的功能

微信公众号是一个做CRM的绝佳平台，这个平台植壤于微信平台的流程简单、易操作，相应降低对4S店及使用车主的普及、推广难度，而且在沟通、互动、服务、搜集用户信息和客户关系管理方面有不可比拟的优势。

比如，雪佛兰4S店搭建的公众号功能主要有：在售车型展示、保养预约、试驾预约、故障救援、到店线路导航、客服电话、在线客服、优惠促销、保养提醒、年检提醒、续保提醒、微信会员卡。

通过搭建的公众号服务，雪佛兰4S店在与顾客接触过程中，借助微信公众号更多地创造了与顾客互动接触的机会。在这些接触过程中，雪佛兰4S店通过微信会员卡和预约记录下和顾客互动的过程，包括车主的维修保养记录、年检、驾驶证、行

驶证、保险等信息，通过比竞争对手更深刻地了解顾客，在必要的时候为顾客及其车辆提供更个性化的服务，顾客也更愿意为这种智能服务买单。

针对前期搜集的客户数据，对客户信息的分析掌握，以及长期地与客户建立起来的良好关系，就可以让汽车4S店为今后5～10年储存客户，只有“回头客”占据销售“大头”，汽车4S店才可以有真正稳定的利润来源。

第二节　微信营销要点

一、微信加粉

对于汽车4S店来说，微信营销第一步就是有数量众多的粉丝，通过在粉丝中推广营销来提高受众，增加潜在客户。当微信公众平台有了一定数量的微信粉丝之后，营销计划才可能会有效果，才能看到微信营销的威力。

在微信中，用户可以经过扫描辨认二维码身份来增加伴侣、重视企业账号。企业可以设定本人品牌的二维码，用折扣和优惠来招引用户重视，拓宽微信营销的推广形式。

汽车4S店要利用微信吸收更多的粉丝，可以采取线上线下结合的方法进行，尽量争取更多的粉丝，并努力将他们发展成自己的客户。

线下永远是搜集微信精准粉丝的最佳渠道，所以汽车4S店一定要做好线下客户的积累，而不是盲目地利用各种网络渠道去推广公众号和二维码，微信的营销不在客户数量而在客户质量，只要有精准的粉丝，就算粉丝量只有几百人，都能把粉丝非常有效地转化成购买者。具体方式如下图所示。

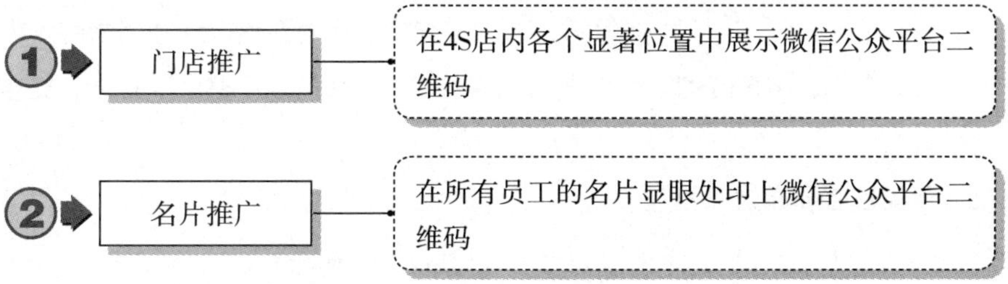

3. 活动推广 —— 举办线下路演活动运用微信二维码，同时建议配合微网站中的大盘或者刮刮乐等关注即可参加抽奖活动，能更好地发展粉丝

4. 与其他媒体联动进行推广 —— 在进行报纸、杂志、电台广播等广告宣传中将微信号和二维码以微信活动的形式投放到媒体上，再与当地的纸媒或微信公众大号等进行联动推广，会起到更加明显的作用

微信线下推广的方式

在完成最初的粉丝积累后，通过对微信的日常维护，可以将优惠信息推送给顾客，刺激顾客二次消费，也可以通过微信和粉丝互动，提升顾客活跃度，或者是推送美文即通过软性的营销手段塑造企业品牌形象，提升品牌在顾客心中的形象。

相关链接

借力车展“获粉”

车展的人气总是很旺，而且参观车展的都是目标客户群。抓住车展的时机，开展微信活动，快速涨粉，达到事半功倍的效果。

一、抽奖增粉

1. 活动说明

在车展期间，扫描二维码关注微信公众账号就能参加抽奖，有各种各样的奖项，吸引客户参与。

2. 操作方式

（1）客户只要关注微信就可以直接点击该公众账号进入抽奖程序。

（2）在微网站后台设置抽奖程序，客户关注微信账号系统自动抽奖信息。中奖比率设置在50%左右，用较高的中奖率吸引顾客参加。或者同时设置多个奖项，让参与顾客人人有奖。

二、车模性感照增粉

1. 活动说明

车展期间，扫描二维码关注微信账号，就有大量模特美图可让客户大饱眼福。

2. 操作方式

（1）在微网站后台事先设置栏目，里面放置大量车模美图。由车展模特手持微信二维码供顾客扫描，关注后顾客点击欢迎信息进入微网站欣赏车模美图。

（2）利用车展参观顾客对车模的兴趣来促使客户关注微信公众号。

3. 现场布置

（1）在展厅入口摆放一些奖品吸引客户眼球，再放置活动写真、易拉宝等向客户介绍活动。

（2）车模手持二维码图片，有顾客拍照模特主动邀请顾客扫描。

（3）做好对现场的销售人员的培训引导工作，在车展时向顾客介绍微信活动，鼓励顾客关注企业微信，可以给现场销售人员设定目标，每人每天需引导一定数量的顾客关注微信。

二、微信图文推送

微信订阅号每天都可以给客户推送图文消息，微信公众平台的这一功能对微信的日常维护很重要。

1. 推送时间及内容

在微信推送内容的选择上，可以根据企业的需要每天不同。

比如，周末可以发汽车保养常识，平时可以推送路况介绍、美文推荐等。

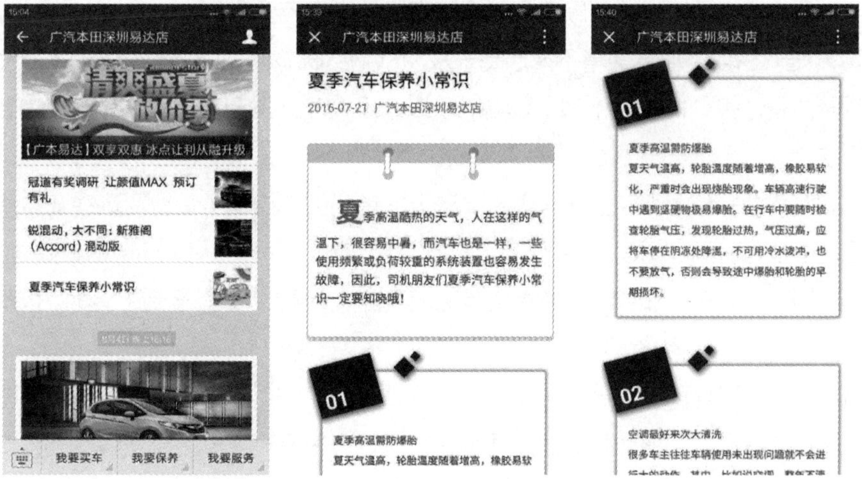

通过推送信息让顾客了解企业，拉近与顾客之间的距离。微信图文的推送时间及内容可按下表所示进行。

推送时间及内容

时间	周一	周二	周三	周四	周五	周六	周日
推送内容	车型介绍	车型介绍	汽车保养常识	美文推荐	周末路况	优惠信息	优惠信息

2. 推送的注意事项

向微信粉丝频繁的推送消息可以提高企业的曝光率，但也可能会招致粉丝的反感，让粉丝取消关注。所以，在推送内容的选择上需要经过仔细选择，及时分析微信数据，根据数据调整微信推送的内容。

相关链接

微信推送图文消息不可忽视的细节

1. 推送时间：把握好推送的高峰时间

根据有关统计显示，一天之中有这么几个推送阅读高峰期：上午9点到10点，中午1点，下午5点，晚上9点和11点。这其中，又以晚上9点和11点的访问量最大。所以真正的黄金时间，是每天晚上大概8点20发。这些时间读者有足够的时间来阅读白天推送的内容，适合做产品的促销，顾客可以订购产品，带来产品真正的销售。

周末是低谷期，重要文章不要选周末发。从周五晚，到周六、周日的读者反馈都很少，新增读者也少，微博也不利于传播。所以，现在我都是利用周末的时间集中回答读者的问题。

2. 频率：一天一条单图文信息；或隔天一条多图文信息（企业可选择在每周一、三、五进行推送，而实时消息要即使回复）

3. 内容：文案（每当发一篇含金量比较高的文章时，读者增长数、消息数都会爆发，伴随着的还有传播数）

（1）发布文章不一定要长篇大论，但一定要引发读者的思考，一般内容在300～500。

（2）文章的标题要有特点。尽可能吸引到读者来阅读。毕竟现在订阅的公众账号

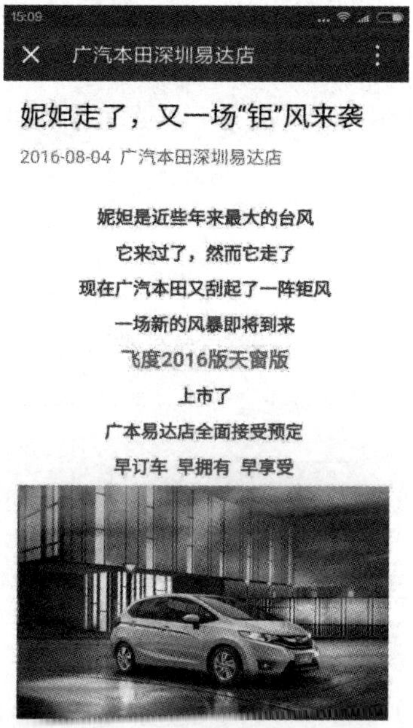

多了，竞争很激烈。再好的文章，读者不点进来看也是白搭。

（3）不要每天推送大量的内容给潜在顾客。创造可以跟读者沟通的话题，要知道所有价值都来于沟通，推送再好的内容，不如跟读者沟通一次。

（4）字体大小，要尽可能大一点，因为手机屏读文章已经够吃力了，字体小了眼睛会累。

（5）段落排版上，每一段尽可能短一点。尽量避免出现大段的文字，如果有，拆分之。还是因为手机屏幕小的原因，拆成小段落后，读起来会更舒服。如果手机整屏都是一段文字，估计眼睛也会花很久。

（6）在每篇文章的最后，要附带上版权信息。因为微信的内容可能会被分享到各种地方，带上自己的版权信息就为读者增加了一个入口。（图片上也要带上自己的版权信息）

（7）尽量写图文消息，而不要只推送文字消息。附带上一张图，体验会好很多。但要注意图片的流量。所以，如果不是特别需要，尽量不要在文章里插入过多的图片，尤其是大图一定要经过压缩。

4. 预览

别出现错别字，每篇文章都多校对几遍再发。微信上的读者太犀利了，任何一个错别字发出来，都会有读者发消息来指正。要是什么东西说错了，也会第一时间被发现。不过不用畏惧犯错，今天说错话了，明天再改正。群发消息前最好先发送到自己手机里预览一下效果，然后做出调整。

5. 不要忽略了“数据统计”这个版块

当企业给自己的微信公众号做了定位后，并不能在一开始就能确定客户喜欢怎样的信息。所以，每次推送信息后的第二天，一定要注意统计一下每一篇文章的浏览数、转载数。这样才能进一步了解客户喜欢怎样类型的文章。

三、倡导全员营销

每个汽车4S店至少有几十名员工，如果能好好利用每个员工的个人微信和朋友圈，每次营销都将覆盖到1000～5000个的受众。

1. 全员营销的操作

汽车4S店可以倡导员工统一在自己的微信头像上做上企业的广告。通过员工进行微信营销的操作方法如下图所示。

员工微信营销的操作方法

- 所有的销售人员重新注册一个专门在上班时使用的微信账号
- 员工设置统一、规范的头像、名称以及个性签名；方便顾客搜索
- 要求销售人员同顾客加为微信好友，并设定考核目标，规定每人每天必须完成的新增粉丝量；销售人员可以通过添加附近的人来扩展好友
- 每当有新活动推出时，让销售人员通过自己的朋友圈推广
- 销售人员离职时，将微信账号回收

员工微信营销的操作方法

2. 宣传内容

当客户关注了销售人员的个人微信账号后，每周的活动就可以通过个人账号分享至朋友圈，也可以让员工分享有趣的信息，起到订阅号每日推送的功能。

3. 操作秘籍

作为微信公众账号的重要补充，全员微营销需要企业拥有较强的执行力，能够让所有的员工都愿意建立微信账号同顾客加为好友。全员营销的操作秘籍如下图所示。

①通过全民微营销，做到全员小号。通过企业的服务号为顾客提供及时的服务，通过全员小号宣传将活动传播出去，是企业能迅速营造微信营销气氛的关键因素

②建立一对多互动营销平台，依托微信渗透个人现实社交圈打造一个营销通路：传播汽车品牌、产品、汽车4S店等信息，吸引更多的消费者用户与商家等，成为企业移动互联网营销通路的重要组成部分

全员营销的操作秘籍

四、微信公众号的运营

对于汽车4S店来说，微信公众号的即时互动功能方便客户了解购车和用车方面的信息，有利于汽车4S店做销售服务。更为重要的是，关注汽车4S店公众号的人都是些老客户或者有购车需求的新客户，这时就会有用户主动询问购车、用车的信息，而这对汽车4S店来说绝对是营销的最佳时机。那么，汽车4S店应如何做好微信公众号的运营呢？

1. 明确公众号的定位

4S店要有一个非常清晰的品牌战略，明确4S店微信公众号要代表一个什么样的消费者利益和价值，根据这个价值定位和消费者的市场定位来决定向消费者传播什么内容的信息，再根据消费者接受信息的习惯和关注点，以及不同年龄段的兴趣点，来设计信息的表现形式，决定信息的传播方式。

汽车4S店微信公众号要利用新媒体的私密性和速度性等特点进行营销，如果营销内容本身很有热点和主题，可以迅速在不同的人群之间迅速扩散和传播，引起大家充分的关注。这是非常明显的优势，而且成本比较低，在消费者之间的传递，并不需要很高的成本。所以，由于可信度比较高，成本比较低，速度比较快，优势也比较明显。

2. 如何让用户知道

尽管微信营销在维护客户关系和促进销售方面给4S店带来积极影响，但前提

是用户主动关注企业账号。只有在得到用户关注后，企业才可以进行信息推送，主动权在用户手上。所以，4S店要通过网上宣传、门店展架以及发布优惠信息顺带宣传等方式展示该账号二维码，吸引更多的客户关注。同时要加强与各地方的车友会沟通，让微信作为车友会主要的沟通工具。这也意味着，各地车友会的组织和推动对车企传播有很大的好处。

3. 利用二维码做折扣和优惠活动来吸引用户

用户可以通过扫描二维码来添加朋友、关注汽车S店公众账号，汽车4S店则可以设定自己品牌的二维码，用折扣和优惠来吸引用户关注，开拓O2O营销模式。

比如，汽车4S店只是简单地与消费者开展活动，大部分消费者是不买账的，因为汽车4S店卖的是车，不是小精品。你不能说便宜个五元，就有人上门了。所以，汽车4S店微信营销人员需要提供一个明确的诱因，或理由作为消费者的行动号召，如请扫描二维码，购车将获得8折优惠。这样的优惠才会刺激，更多的其实不仅仅是提供价值，更多的是构建信任、获得互动。

4. 信息发送时注重话题的设计和选择

通过公众平台，汽车4S店可以实现用户分组及地域控制在内的消息推送。但是，我们知道不同的消费者对购车的要求也不同，所以汽车4S要注重话题的设计和选择。

比如，一个消费者关注了一家汽车4S店的微信，并且准备购车，而他的预算是15万元左右，作为汽车4S店来说这时就要搞清楚，这个车主是为了家人还是为了结婚，还是为了其他的什么原因而买车。如果是为了家人而购车，话题的设计上就要突出车的空间优越性，如果是为了结婚而买车，话题的设计上就要突出浪漫，比如购车送马尔代夫旅行。

其实在这里，我们可以简单地理解为：4S店的运营一定要与你的粉丝互动，其实互动就是聊天。更为重要的是，要知道你的粉丝需要什么样的车、购车的目标，这样就更容易成交。

5. 注重对微信话题的改进

对于汽车4S店来说，一定要注重话题的改进。因为每家汽车4S店推出的信息，哪些能引起消费者的注意和关注，哪些不能，对于汽车4S店微信运营有着关键和决定性的作用。我们知道目标消费者基本全是要购车的，而如何吸引目标消费者购车这是非常重要的。尤其是在引起消费者关注的主题上，要做哪些突破和改进，从而引起消费者的关注和注意。

6. 活动营销

汽车4S店通常所采取的活动营销就是赠送一些优惠券或者小礼品。对汽车4S店来说，送车主的东西一定赠送有企业特色的东西，也就是独一无二的东西。

而另一种活动营销的形式，就是在客户已有消费内容中，让客户体验到优惠，体现出线上和线下的差别，最为重要的是可以让客户利用微信预约汽车服务保养及维修，可以有优惠等。

相关链接

4S店微信公众号运营的误区

目前微信公众号有数百万，对汽车4S店来说，微信公众号已经是标配，不过，4S店在运营微信公众号时存在着以下七个误区。

1. 盲目推送信息

大部分4S店，开通微信的目的很简单，那就是“信息推送”，一周三四条都觉得少，基本是每日一推，所以他们青睐订阅号。但是谁没关注几个甚至多个公众号，谁会有心思每天一条条去读那些软文推送呢，更何况大家喜欢玩微信也不是为了每天追着你4S店的公众号看你的信息推送吧。

2. 传统思维的营销活动

有的4S店已经想到在微信上做营销活动，希望增加和客户的互动。但大部分只是做了个简单的告知作用，缺乏线上的真正互动，用户在线上体验不到任何活动的乐趣，大部分还要求客户做转发做分享，但效果并不理想。

3. 只重视粉丝数量

很多4S店微信公众号都在关注每天增加了多少粉丝，花各种代价去吸粉，甚至买粉，用纯粹的粉丝数量来衡量运营的效果，却忽略了4S店应该为车主和潜客提供基本的服务和体验。

4. 只用订阅号

汽车行业的特需性，注定4S店的微信公众号是用来做客户关系管理和服务的，只有服务号才能提供更强大的管理和服务能力。迷信于订阅号每日推送，无视不同客户的多元需求，姑且不说内容质量，被折叠的订阅号打开率的急速下降就是显而易见的。

5. 功能堆砌

不少4S店公众号虽然使用了开发模式接入了一些微应用，但大多样式和功能同质化，简单的功能堆砌，用户体验极差，甚至连车主最关心的违章查询，最终这些功能多数还是跳转到其他网页。而且，不能实现智能化预约，只是把企业网站转为微网站将宣传单放到手机里而已。

6. 只依靠市场部

一般4S店的微信公众号都由市场部负责。4S店微信公众号是用来做服务，为车主提供体验价值的，而4S店市场部主要职责在于推广宣传，市场部拿到微信公众号后本能地把它当成一种推广渠道使用，客户看到的不是优惠就是广告，烦不胜烦，公众号价值难以体现。4S店微信公众号应该实现在市场部、销售部、售后部联动，实现工作效率和店内业绩的提升，让客户得到更好的体验。

7. 纯粹广告牌

大多4S店开通微信公众号购买微应用产品后，它就开始像路边的广告牌，“设计”好的内容时不时更换下，至于效果如何就不了了之。

汽车4S店微信公众号该怎么做？对于4S店的公众账号运营来说，主要把握以下三点：

第一，是回复用户的咨询；

第二，做好销售服务；

第三，推送促销信息。

五、微信营销技巧

时下，各大微信营销利器层出不穷，功能丰富。微信营销俨然成为大多数经销商进行社会化营销的首要选择，也成为汽车4S店推广品牌、实现线上销售，以及维护客户关系的又一利器。一般来说，汽车4S店可参考下图所示的技巧来做好微信营销。

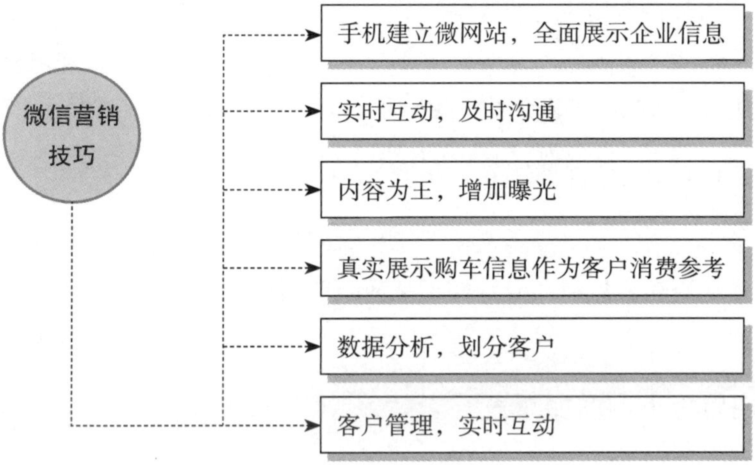

微信营销技巧

1. 手机建立微网站，全面展示企业信息

汽车4S店将自己提供的服务信息分享到微信上，并在其微网站上自主发布车型报价，促销活动、最新动态等绝大部分涵盖客户需求的信息；并进行各种服务预约，比如试驾预约、维修预约、保养预约等，方便用户详细了解。

2. 实时互动，及时沟通

在微信上与粉丝直接互动交流，第一时间对客户的需求提问直接做出回应，实现与客户、潜在客户的及时沟通。从而获取用户预约订单，并进行数据挖掘和分析。

3. 内容为王，增加曝光

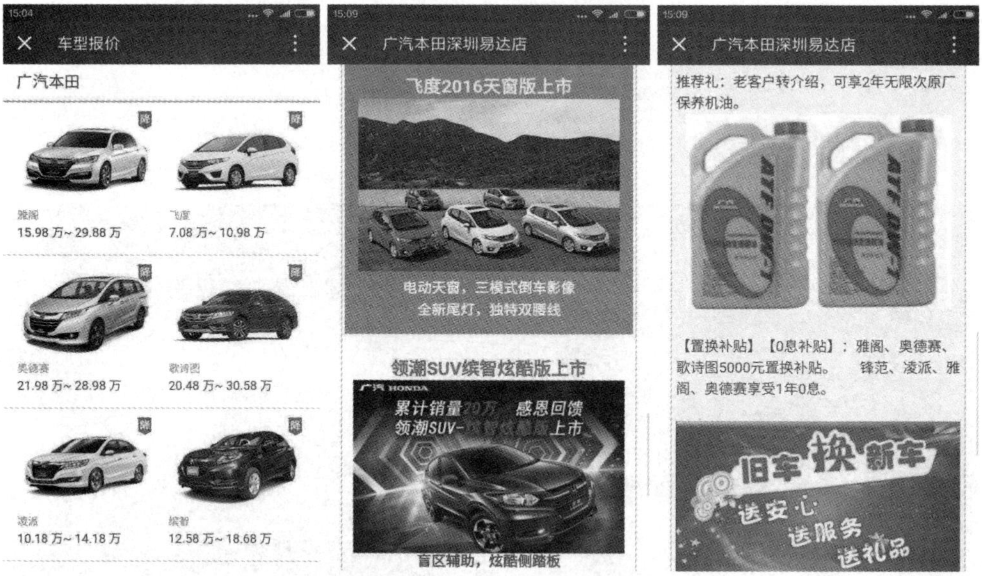

汽车4S店还经常提供行业最新新闻和店内最新动态，如企业新闻、优惠促销、店内最新动态、车友活动、维修保养等内容，企业可就这些话题发布微博，微博会将显示在微汽车社区、各大网站汽车频道相关页面，增加曝光度，为企业的社会化营销内容带来更多展示机会。这些丰富详尽的信息对消费者来说更是决定是否马上购买的重要砝码。

4. 真实展示购车信息作为客户消费参考

除了在微信上经常发布更新新车资讯展现给广大客户外，企业还需经常在微信上发布最新的新车到店信息，以及最新的用户提车信息，给用户以最真实的展示。这无形中提升企业形象，增强潜在客户的信任度，刺激其消费。

5. 数据分析，划分客户

汽车4S店企业为提交预约的客户建立客户档案，对客户档案进行管理，与客户实时互动，并可对客户进行精细划分，还可以导出excel表格，方便企业二次加工和信息处理。

6. 客户管理，实时互动

汽车4S店企业不仅可以在企业官方微信后台看到营销分析、粉丝分析、页面分析等数据，还可以对报价推广效果、企业新闻、预约服务等业务指标进行监控管理，为阶段性的网络推广决策提供有力支持。

相关链接

汽车4S店微信营销策划方案

一、产品背景

微信是腾讯推出的一款移动互联网领域最热门的客户端软件，用户已经突破3亿，发展速度惊人。据称微信在商业拓展上重点将在O2O领域布局。

二、营销目的

建立一对多互动营销平台，依托微信及渗透个人现实社交圈打造一个营销通路：传播汽车品牌、产品、汽车4S店等信息，吸引更多的消费者用户与商家等。这成为企业移动互联网营销通路的重要组成部分。

三、企业获得的价值

通过此方案的执行，逐步完成移动互联网营销通路的布局，为汽车4S店实现网络化，经营做好当前收益与战略布局。能够提升企业在当地汽车爱好者中良好的用户感受，并延长营销时间和不限制地点，每天都能接收车讯，为营销创造无限可能。

四、宣传模式

汽车4S店在当地有一定的名气，其主要经营模式通过传统的车展以及预约试驾等方式营销，另外也通过网络做营销推广，最终引导用户去体验店消费。此次与微信的合作，汽车4S店也通过官网、微博、店面等进行全面宣传自身二维码以及微信号。

五、内容为王

1．文字篇

总共编辑600字，也可搭配表情，比较直观，给人以简洁明了、正规的感觉，可发布重大事件通知，例如发改委下调油价等。

2．语音篇

时间不得超过1分钟，在短短的几十秒内，其语言必须精炼，给人听觉上的享受，一般购车人士以男性居多，可以由播音甜美的人员制作，可发布驾车的哲理性信息。

3．图片篇

一张小小的图片，如果激情四射，睿智幽默，引人入胜，恶搞与有内涵的图片受大众喜爱的程度将非常高。图片内容多以驾车小乐趣为主，吸引眼球，缓解疲劳。

4．视频篇

最好不要超过15秒（考虑到用户流量），要善于借助各种技术将汽车行业的产品，服务的信息以视频的形式传送到潜在客户的大脑中，以便更好地吸引消费者的眼球。

5. 图文消息篇

不受字数限制，可搭配图片。图文匹配可以发布活动流程以及促销预定规则，能够详细介绍活动、产品或服务，更具有营销价值。

微信即时性和互动性强，可见度、影响力以及无边界传播等特质特别适合病毒式营销策略的应用。微信平台的群发功能可以有效地将拍的视频，制作的图片，或是宣传的文字群发到微信好友。汽车销售公司更是可以利用二维码的形式发送优惠信息，这是一个既经济又实惠，更有效的促销好模式。让顾客主动为企业做宣传，激发口碑效应，将产品和服务信息传播到互联网还有生活中的每个角落。

六、推广周期

××××年××月××日至××××年××月××日（最少3个月）

粉丝数量：听众达千级以上

曝光次数：万级广告位以上

活动策划：3～6次

更新数量：90篇

累计互动：有效互动达千级人次

推广规划：手机线上与店面线下完美结合，推广微信二维码，带来更高频次、更广覆盖、更优ROI

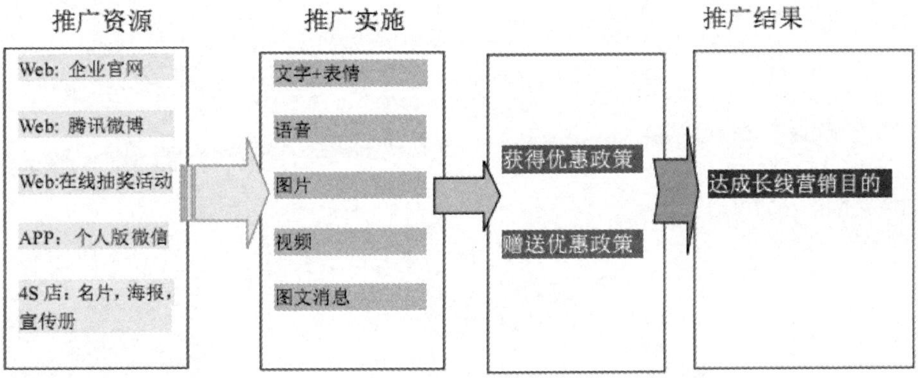

七、合作亮点

1. 微信二维码方便快捷，线上与线下的完美结合，提升客户的信赖感以及产品的品质。

2. 利用公众平台进行业务延伸，可推送产品介绍、活动宣传，售后跟踪，实现客户重复消费和建立客户数据库的功能。

3. 微信、立体覆盖网民日常接触点，实现营销价值最大化。

微信深度植入手机客户端，渗透好友间的沟通环节，用户只需要登录，即可通过微信参与互动，互动形式多样化。

4. 文字、图片、语音、视频及图文多种形式与用户互动，对于汽车美容保养方面知识的解答以及跟踪服务，提升用户体验度及信赖感。

5. CRM系统管理以及微信自定义交互菜单，对用户的反馈进行分类统计。

第三章　汽车4S店微博营销

章前导引

自微博诞生以来，微博营销一直被各种大小企业所关注重视。在微博上，更多的汽车4S店在这一领域开始了自己的营销之路，而且因为便捷、款式多种多样和性价高，越来越受到人们的青睐。

第一节　微博营销认知

一、什么是微博营销

微博营销是以微博作为营销平台，每一个听众（粉丝）都是潜在的营销对象，企业利用更新自己的微型博客向网友传播企业信息、产品信息，树立良好的企业形象和产品形象。每天更新内容就可以跟大家交流互动，或者发布大家感兴趣的话题，这样来达到营销的目的，这样的方式就是新兴推出的微博营销。

相关链接

微博常用名词

1. 认证：为了避免由于身份混淆带来的误解和混乱，微博采用身份认证方式。您在任何一位用户的名字或头像旁边看到标志，便意味着已经验证核实过这位用户的身份，当他（她）在微博发言，代表着这是其本人在对公众说话。

2. 广播：是指用户发表的140个字以内的微博内容。支持文字、表情、图片、视频、音乐多种形式。

3. 收听：用户可以对自己喜欢的用户进行收听，成为这个用户的听众，那么该用户的所有更新内容就会同步出现在自己的微博主页上。

4. 听众：在微博里收听汽车4S店的人。收听的人越多，获取的信息就越多，而听众越多，表示发表的微博被看到的次数越多。

5. 转播：用户可以把自己喜欢的内容一键转播到自己的微博，转播时还可以加上自己的评论。转播后所有收听自己的用户（也就是自己的听众）能看见这条微博，他们也可以选择再转播，加入自己的评论，如此无限循环，信息就实现了裂变式传播。

6. 点评：用户可以对任何一条微博进行评论，形成互动。

7. 话题：因为微博实时性强的特点，在一定时间内，微博内容有集中讨论某些热点话题的倾向。人们为了方便查找、搜索同一个话题，就用“#”号在表示话题的关键字前后进行标记。热门话题：对时下发生的热点时间建立相关话题，微博上所反映出的热门话题趋势，也是微博比传统媒体更有优势的一个地方。

8. Rich话题：即复话题页，此页面中除了可以创建话题外，还可在主话题下建立分话题、进行视频展示、认证用户拉取（添加收听）、皮肤定制等。

9. 私信：用户对自己的某个听众发言感兴趣，想与其交流，可以点击“发私信”按钮，私信的内容为不公开状态，只被对方看到，实现私密的交流。

10. 对话：用户对某人发言感兴趣，用户点击某个微博用户客访页面的“对话”按钮，即可公开与其进行说话，相应的内容会出现在你的主页及那个用户“提到我的”的页面。

11. “@”号：当广播内容中含有如“@qqvivi”的信息时，表示汽车4S店公开和具有“qqvivi”这个微博账号的用户进行说话。相应的内容会出现汽车4S店的主页、那个用户“提到我的”的页面。

12. 皮肤：用户微博的背景图片。

13. 自定义皮肤：可上传图片，对微博背景进行自主设计。

14. 名单：把一群兴趣爱好相同，或者有关联的人拉到一起，不用单独收听名单中的每个人，其发言即会集中地显示在微博的一个页面中。

15. 账号：微博账号是在使用微博服务中的唯一身份识别，由英文和数字组成，开通后不可修改。

16. 姓名：即昵称，目的在于为汽车4S店提供中文名称的身份表达方式，因此建议使用真实姓名。

17. 搜索：微博提供的搜索功能，是寻找听众的重要方法。微博提供的搜索一般都可以直接搜索名字、账号、广播、话题、标签。通过搜索找到感兴趣的内容及用户。

18. 上墙：由微博网友发送相关话题，其中的有价值或者有趣味的内容经工作人员在后台挑选后，传送至微博大屏幕（微博墙）上予以公开显示。

19. API：为广大开发者提供的应用程序接口，可构建丰富多样的应用。

20. LBS：基于位置的服务（location based service，LBS），通过移动运营商的无线电通信网络（如GSM网、CDMA网）或外部定位方式（如GPS）获取移动终端用户的位置信息（地理坐标，或大地坐标），在GIS（geograph icinformation system，地理信息系统）平台的支持下，为用户提供相应服务的一种增值业务。

21. 手机客户端：分为iPhone客户端、Android客户端、S60客户端、Kjava客户端四种。

二、微博营销的特点

随着微博的兴起，越来越多的汽车资讯在微博中传播并发散着影响。在微博搜索栏处，进行搜索，输入“汽车”“4S店”等关键词，就有百条微博资讯弹出，囊括了日系、德系等众多品牌，车市“微博”营销悄然兴起。微博营销具有下图所示的特点。

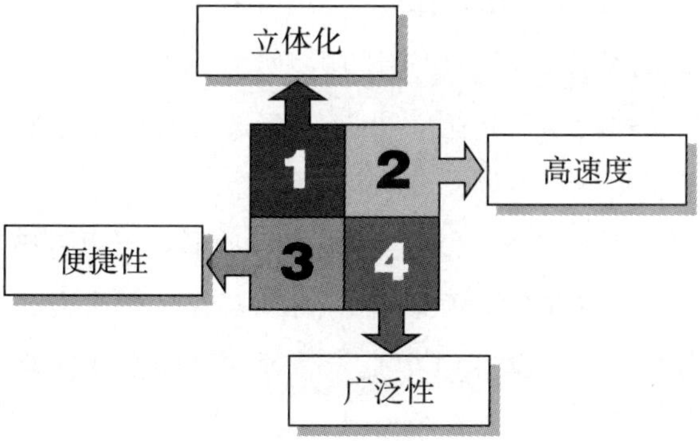

微博营销的特点

1. 立体化

微博营销可以借助先进多媒体技术手段，从文字，图片，视频等展现形式对产品进行描述，从而使潜在消费者更形象直接地接受信息。

2. 高速度

一条关注度较高的微博在互联网及与之关联的手机WAP平台上发出后短时间内互动性转发就可以抵达微博世界的每一个角落，达到短时间内最多的点击人数。

3. 便捷性

微博营销优于传统的广告行业，发布信息的主体无须经过繁复的行政审批，从而节约了大量的时间和成本。

4. 广泛性

通过听众关注的形式进行病毒式的传播，影响面非常广泛。同时，名人效应能够使事件的传播量呈几何级放大。

三、微博营销的价值

建立一个微博平台上的事件营销环境，能够快速吸引关注。这对于企业的公共关系维护、话题营销开展，能起到如虎添翼的作用。

（1）品牌营销的有力武器，每一条微博后面，都是一个消费者，一个用户。越是只言片语，越是最真实的用户体验。

（2）微博可以为企业提供用户追踪服务，在追踪模式中，可以利用“品牌频道”开展对产品、品牌的信息传播，并与顾客进行对话，缩短了企业对客户需求的响应时间。

（3）与传统的互动营销相比，微博客的互动形式可以打破地域人数的限制，全国甚至全球的受众都可能成为互动营销的参与者。更重要的是来自不同地区的志趣相投者实时沟通，更加深度地交流。品牌的烙印会在体验与关系互动中更加深刻。

（4）微博可以刺激用户热情，以许可式、自主式进行广告，根据兴趣爱好人群，定位精确，营销效果更好。

四、微博营销的模式

微博是一个基于用户关系的信息分享、传播以及获取的平台，允许用户通过Web、Wap、Mail、APP、IM、SMS以及各种客户端，以简短的文本进行更新和发布消息。微博的营销模式主要如下图所示。

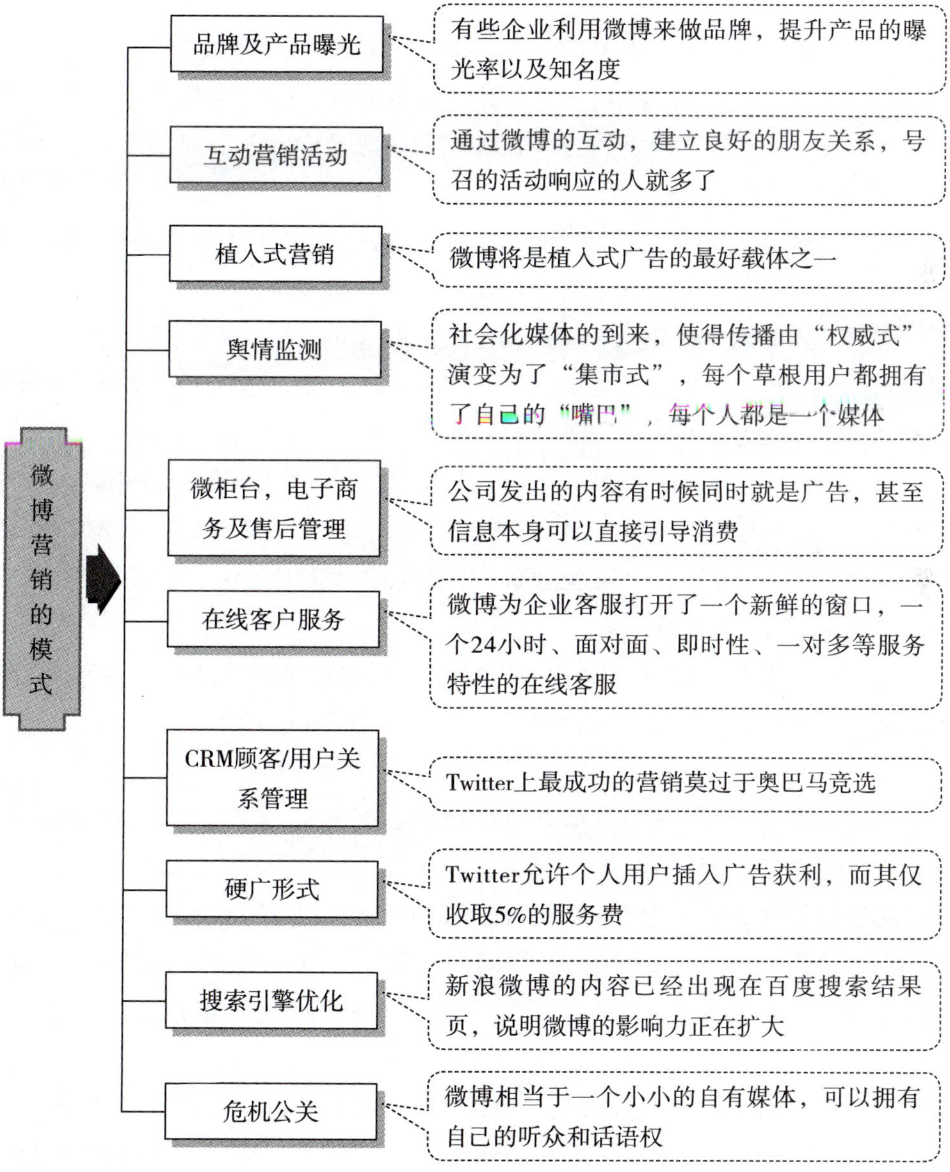

微博营销的模式

相关链接

“微博4S店”玩转2.0社会化营销

每一位微博用户后面，都是一位潜在的消费者。“微博4S店”将成为汽车经销商推广品牌、实现线上销售和维护客户关系的又一利器。

微博4S店应运而生

目前，汽车销售行业竞争激烈，营销手段也相对同质化，屡屡掀起价格战，营销效果难尽如人意。在传统的营销上，常常受营销渠道限制，汽车4S经销商只是被动地等待消费者，对消费者的了解也只限于来店试车买车的群体中，更多的潜在车主的心理需求、市场期待，仍是一个未知数。

随着微博时代的来临，使用新浪微博这一高互动性平台进行营销、顾客沟通并了解潜在客户的需求，逐渐成为汽车行业的共识。

新浪营销中心总经理表示，新浪微博在覆盖度、黏性和交互性综合指标上不仅远远超越其他微博类竞争对手，而且赶超了其他SNS，其用户主体为高学历、高收入的年轻族群，与潜在车主这一消费群不谋而合。

每一位微博用户后面，都是一位潜在的消费者。相关数据表明，越来越多的消费者习惯在微博上讨论购车、用车的相关话题。因此，不少4S店负责人表示“希望所有的消费者能够知道我，认可我，最终能够选择我的服务”这样的愿望只有在以微博为主的2.0社会化互动营销中才能实现。

新浪汽车依靠独有双平台的优势，在此方面凸显创新和突破的优势，逐步规划符合新形态、新传播的媒体平台和产品体系。其中之一便是“微博4S店”。

四大功能提升营销转化率

“微博4S店”即是新浪为汽车4S经销商量身打造的第一款基于微博的可供4S经销商自主发布信息的升级产品。

凭借“微博4S店”，经销商可将自己提供的服务信息分享到微博上，并与粉丝互动交流，实现与客户、潜在客户的及时沟通，且这些信息将有机会呈现在新浪汽车频道页面上。这一产品将成为汽车经销商推广品牌、实现线上销售和维护客户关系的又一利器。

新浪汽车推出此产品，目的是构建以经销商为主的社会化营销体系：协助经销商提升营销效果和品牌形象；发现、挖掘、拓展新用户，实现精准营销；提升用户忠诚度，方便经销商为用户选车、购车、用车提供全方位、全流程的服务。未来，微博4S店产品还会根据车商、消费者的需求不断改进，丰富功能，并致力于成为汽车经销商与消费者沟通的快捷通道。

目前，“微博4S店”拥有信息管理、商机中心、推广呈现、数据统计四大功能，借助微博本身具备的裂变式传播优势，大幅提升企业信息的传播威力；借助微博跨终端即时互动的特点，帮助经销商与用户进行深层次的互动营销。整体涵盖网站建设、营销推广、crm客户管理、用户决策支持等营销全过程，为4S经销商提供“跨媒体、区域化、互动式”的网络营销平台。

具体来说，一家微博4S店可以通过文字、图片、视频等多种形式展示品牌和产品，通过“车型报价”对经销商车型、价格进行展示，为购车者提供参考信息，运用“晒新车、晒试驾”展示用户试驾、提车现场照片，评论等，让网友自发地传递经销商信息，形成口碑效应。此外，微博和其他数字媒体的联合营销推广，为汽车商家低成本、快速、广泛传播产品和品牌影响力创造了无限可能。

4S经销商，看好汽车微博营销

试水微博营销的众多4S经销商表示看好微博营销。

上海东昌集团市场部相关负责人在采访中表示，“对于经销商而言，新浪微博作为一个新信息发布渠道，能让用户在移动端上更快速便捷获得资讯。80后、90后日益成为购车的主力军，年轻人会更乐意接受微博这种新的沟通方式。此外，利用微博平台，我们开展了有奖转发等各种线上活动，并及时发布促销信息，一定程度上促进了汽车的销量”。

上海绅协东风日产销售服务有限公司、上海安吉斯巴鲁汽车销售服务有限公司市场部相关负责人告诉记者，“新浪微博4S店可以让更多的服务、技术人员通过微博来主动与用户沟通，跟踪服务效果，这样能进一步拉近用户和4S店的距离，提升满意度，使之成为一个全新的维护客户关系的平台。公司非常重视与粉丝互动等相关的微博营销工作，现在的关键是如何提升线上活动的粉丝参与度，微博4S店是一个创新的平台，希望能够尝试，不断进步”。

第二节　微博营销要点

一、如何获得粉丝

衡量微博营销是否成功很重要的一个指标就是粉丝数。有效的微博营销需要付出多方面的努力，每个环节的失败都会给微博营销带来负面影响，而粉丝数是一个综合指标，粉丝数越多意味着微博营销总体上做得不错。

1．微博账号的功能定位

汽车4S店可以注册多个微博账号，每个账号各司其职。一个微博账号可能承担相对单一的功能，也可以承担多个功能。如果企业比较大，那么在一个专门的公共关系微博账号外，建立多个部门微博账号是可取的。如果企业的产品比较单一，那么整个企业建一个微博账号就可以了。一般来说，一个微博账号可以承担新产品信息发布、品牌活动推广、事件营销、产品客服、接受产品用户建议与反馈、危机公关等多项功能角色。

2．普通用户参与微博的理由

如果企业的产品本身已经有了大量的用户群，那么在微博上获取其关注是相对容易的。如果企业并不具有像戴尔、惠普那样的品牌影响力，那么在微博上获得“陌生人”的关注就需要付出更大的努力。因此，要理解微博用户的社会心理需求。虽然没有具体的数据统计，但是可以从新浪“微博广场”的热门话题了解到大部分普通微博用户（非微博营销用户）参与微博的六大理由，具体如下图所示。

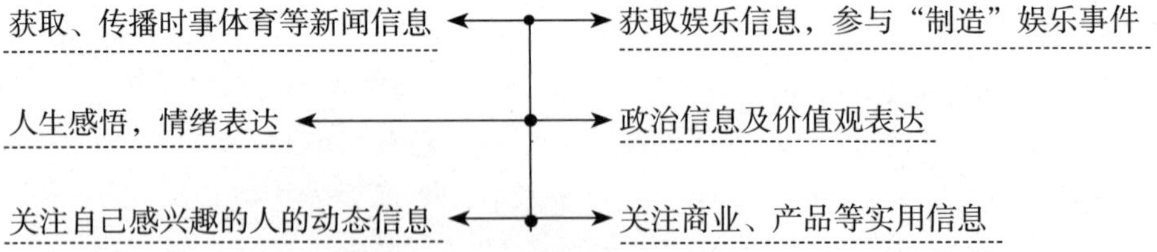

普通微博用户（非微博营销用户）参与微博理由

图上六大理由的排序大致是普通微博用户参与微博的“动机强度”排序。深入地了解这些心理是创造普通用户“喜闻乐见”的微博内容的前提。

3. 创造有价值的内容

有价值的内容就是对微博用户有用的内容，能够激发微博用户的阅读、参与互动交流的热情。汽车4S店需要平衡产品推广信息与有趣性的“娱乐信息”的比例（“娱乐信息”必须与本行业相关），可以从三个方面调整，具体内容如下。

（1）发布本行业的有趣的新闻、轶事。

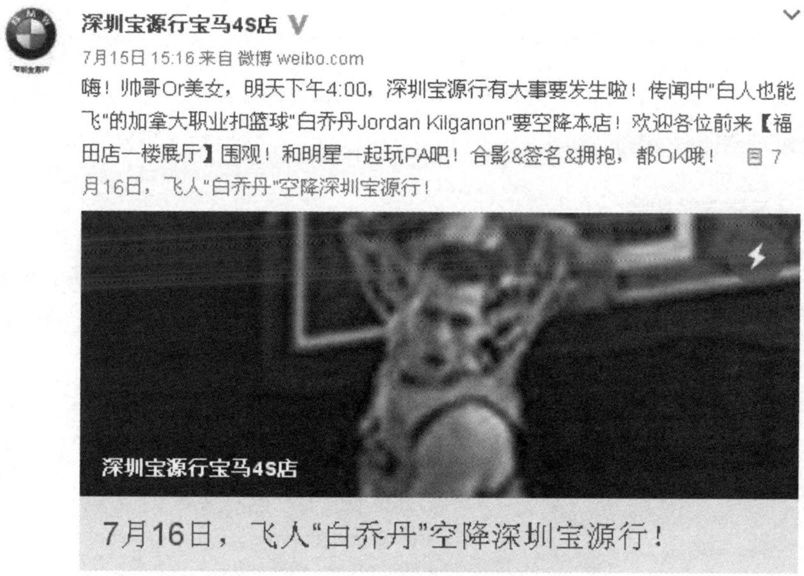

可以客观性地叙述一些行业公开的发展报道，统计报表甚至“内幕”，可以有选择性地提供一些有关公司的独家新闻——真正关注你的产品的微博用户会对这些独家新闻非常感兴趣。当然，重点要突出新闻性、有趣性。

（2）创业口述史。

大多数普通人对创业者总怀有一种好奇，甚至尊敬的心态。企业微博可以有步骤有计划地叙述自己品牌的创业历程，公司创始人的一些公开或独家的新闻——类似一部企业口述史，电视纪录片。

（3）发布与本行业的相关产品信息。

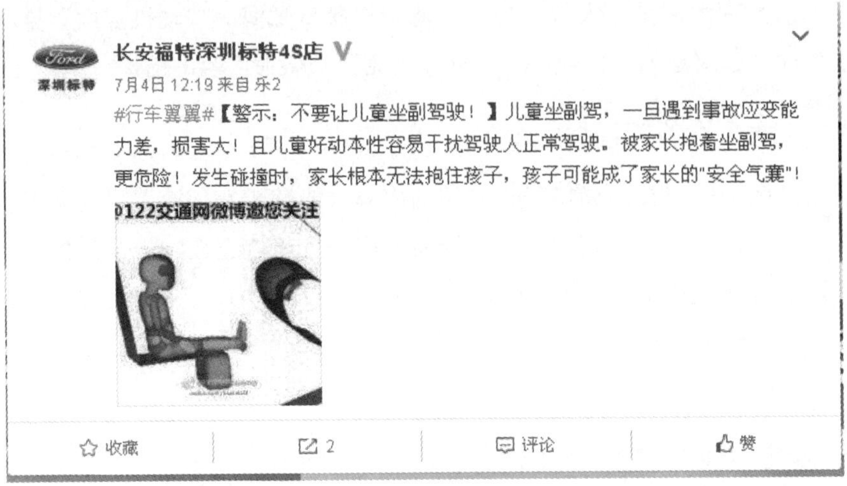

搜集一些与产品相关的有趣的创意，有幽默感的文字、视频、图片广告，这些创意和广告不一定都是自己的品牌，可以是本行业公认的著名品牌。

4．互动营销游戏

在微博上搞活动真正符合微博拟人化互动的本质特征。只要产品有价值，没人能拒绝真正的“免费”“打折”等促销信息，很少有人会讨厌此类信息。常见的微博互动活动形态，具体如下图所示。

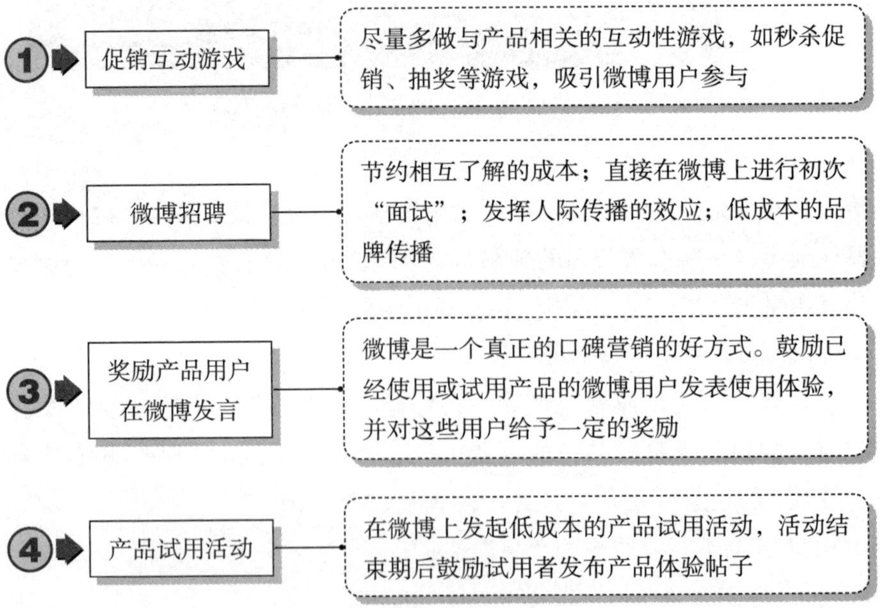

⑤ 慈善活动 —— 条件允许可以自己发起慈善活动，否则积极参与微博其他用户发起的慈善活动。对小的汽车4S店企业来说，参与“微支付”的慈善活动，并不需要付出很大的成本，却可收获很大的关注人气

常见的微博互动活动形态

相关链接

雪佛兰汽车微博加粉心得

1. 主动的互粉

在我们发了微博之后，可能有人看到我们的信息，主动过来粉我们，这样的人，应当及时地互粉。其实大家在微博里，找的是一种互相的认同，互粉体现的是一种互相尊重、认同。

2. 分享公共、公益事件

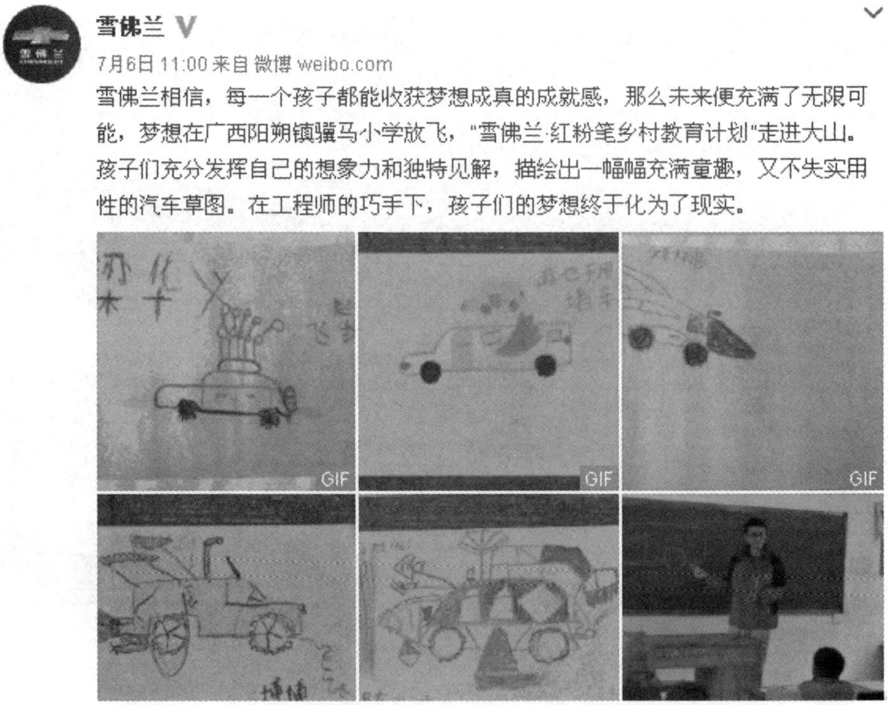

3. 分享优惠、最新资讯

雪佛兰
8月3日 17:39 来自 微博 weibo.com
换装全新动力组合 搭载4G LTE车载Wi-Fi 雪佛兰2017款迈锐宝焕"芯"上市 售价16.49万元-18.99万元 雪佛兰2017款迈锐宝焕"芯"上市 售价16.49万元...
雪佛兰
雪佛兰2017款迈锐宝焕"芯"上市 售价16.49万元-18.99万元

4. 分享有意思的内容

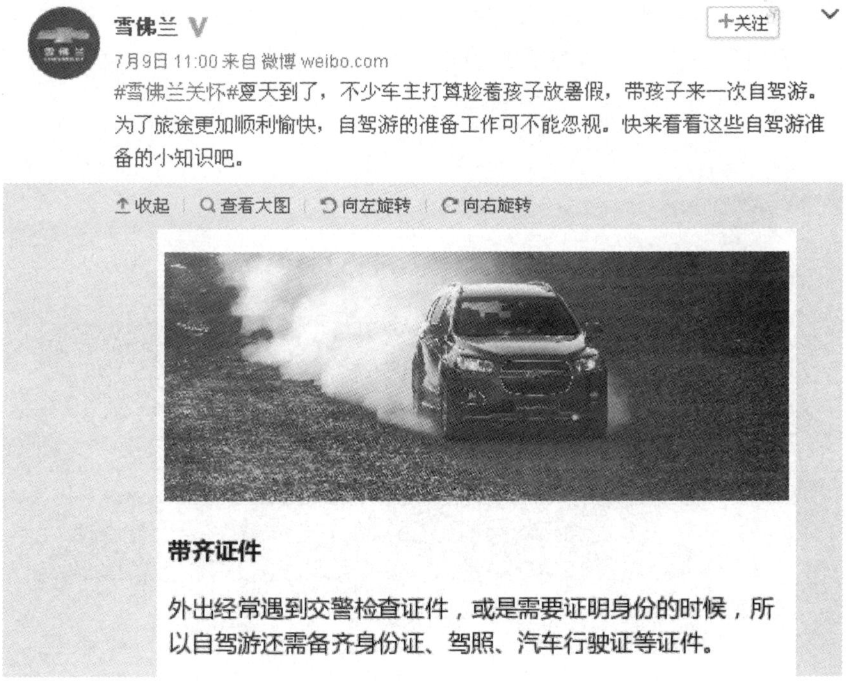
雪佛兰
+关注
7月9日 11:00 来自 微博 weibo.com
#雪佛兰关怀#夏天到了，不少车主打算趁着孩子放暑假，带孩子来一次自驾游。为了旅途更加顺利愉快，自驾游的准备工作可不能忽视。快来看看这些自驾游准备的小知识吧。
收起 | 查看大图 | 向左旋转 | 向右旋转
带齐证件
外出经常遇到交警检查证件，或是需要证明身份的时候，所以自驾游还需备齐身份证、驾照、汽车行驶证等证件。

5. 主动关注你要找的人

6. 发布与粉丝相关的内容

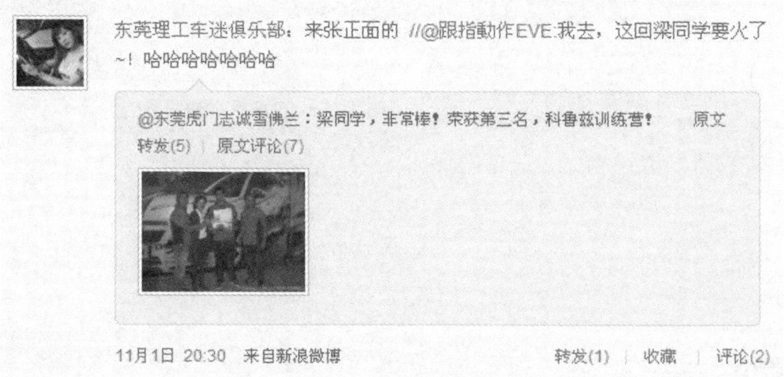

上图是雪佛兰汽车的粉丝参加车手训练营，在微博报道后，与粉丝相互传播。

7. 赠送礼品

8. 对粉丝进行分类管理

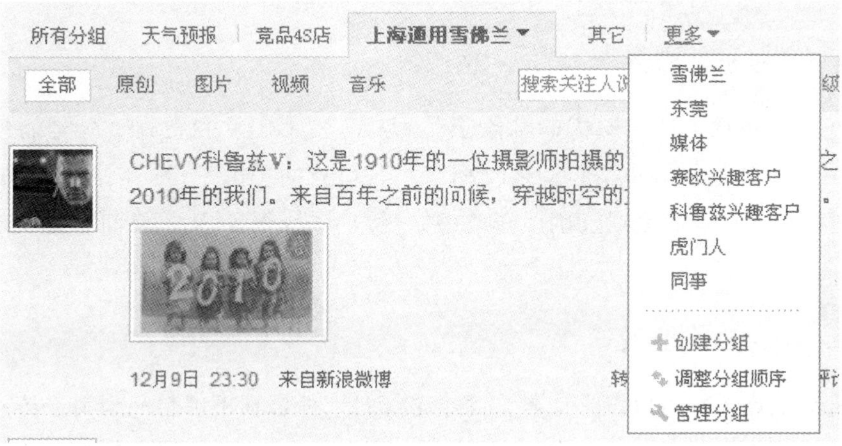

二、如何在微博中植入广告

在现实生活中，人们购买产品时会极大地受到信任的朋友评价的影响。微博是人际交流的场所，在人们交流的过程中植入广告是微博植入式广告的核心。常见微博植入广告的形式，具体如下图所示。

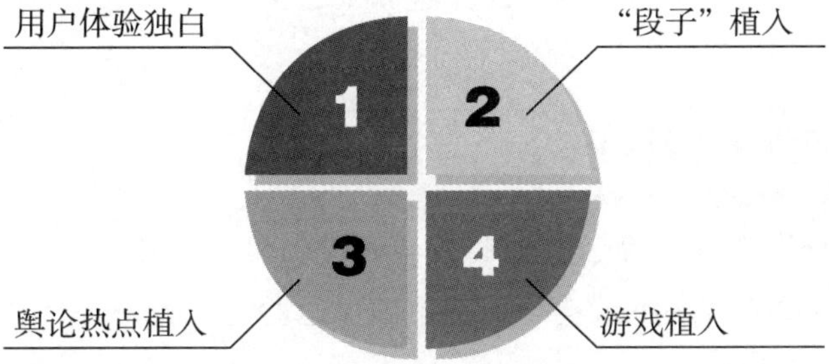

常见微博植入广告的形式

1. 用户体验独白

人们每天都在微博里记述自己的生活经验和感受，这些内容一定会有相当比例涉及自己使用的产品。这些评论就构成了真实的口碑。如果发起一个活动，让使用企业产品的用户来主动讲述自己的产品体验——无论好的体验还是坏的体验，给予体验独白用户一定的小奖励，就能激发用户向朋友传播这个品牌的意愿。

2. “段子”植入

好玩、幽默、人生感悟的“段子”（有时配上图片和视频）总是能让大众喜欢——喜欢理由如同人们喜欢听相声，脱口秀的理由一样。因此，汽车4S店微博把品牌植入这些受欢迎的段子之中，受众一般不会反感，反而会赞叹创意的精妙。

3. 舆论热点植入

针对热点人物可以设计广告。每个节庆日、体育赛事都会涌现舆论热点，可以抓住这些热点植入广告。舆论热点有发生、成长、高潮、退潮四个阶段，要敏锐地觉察舆论热点的发展过程，汽车4S店不要等热点退潮后再做文章，那时已经了无新意，引不起观众的兴趣了。

4. 游戏植入

微博互动适合做一些秒杀、抽奖、竞猜等游戏，如蔡文胜的世界杯竞猜游戏吸引了大量的微博用户的参与，自然也为蔡文胜积累了不少粉丝。不过，蔡文胜的竞猜游戏没有和他自己企业的产品品牌联系起来。

三、如何发布微博内容

对于汽车4S店来说，要想吸引到更多的用户和粉丝的关注，微博本身的内容非常关键，内容没有选择好就会导致整个微博运营的彻底失败。

1. 微博话题规范

所有原创及转发微博的内容前都必须有话题标语，如#九江深业丰田——行业动态#，所有文字必须控制在140字以内（长文字内容除外），内容必须简明扼要，清晰易懂，并配以相关图片或视频。汽车4S店微博话题命名规则，可参考下表所示的内容。

微博话题命名规则

话题类别	发布规则	话题名称	话题内容
新闻类	一周≥3次	××要闻	××汽车要闻
	一周≥3次	行业动态	汽车行业动态
	一周≥5次	热点新闻	社会热点新闻
生活类	1天1次	××天气	××天气预报
	一周≥3次	养身堂、美食分享	搜索各类美食及养身之道
	一周≥3次	风景名胜	介绍××各区域名胜
	一周≥3次	名人名事	名人相关报道
	一周≥3次	购物推荐、数码产品	团购等信息推荐
	一周≥3次	开心一刻	冷笑话
	一周≥2次	趣味视频	有趣的健康视频
	一周≥3次	星座密语	有关星座方面的内容
	一周≥3次	生活及美容贴士	生活及美容指导
公司类	不定期	厂家动态	厂家动态
	一周≥3次	公司动态	本公司的新闻、经营业绩
	不定期	车友会动态	公司××车友会活动
	不定期	生日祝福	管理客户、员工生日祝福
	不定期	最新优惠	销售、售后优惠活动
	一周≥5次	养护课堂	用车知识
	不定期	获奖公告	微博活动获奖公告
	不定期	新车推荐	新车介绍
	一周≥2次	车型品鉴	图片或视频介绍主力车型
	不定期	特别企划	各种特别企划活动
	不定期	投票	各种投票
	不定期	车友趣闻	车友发布的各种有趣信息
	特殊活动	博友互动	特殊活动

2. 微博内容规划技巧

微博内容的规划技巧如下表所示。

微博内容规划技巧

类别	比重	话题示例	内容
产品	30%	“帝豪故事汇” “车型知识”	品牌文化、历史、产品卖点，促销信息发布
区域	10%	“成都新鲜事”	区域活动，热点新闻，交通信息
行业	10%	“聚焦业内”	行业政策，行业新闻
服务	20%	“人车生活”	售后服务，在线答疑，保养常识
生活	30%	“吃在广州”	趣味话题，电话、音乐、摄影、当地餐饮、购物、娱乐信息

3. 微博发布时间

每天根据各个时间段的浏览量及用户特性进行不同话题的发布，具体如下表所示。

微博发布时间

时间段	话题名称	发布人
8:30 ~ 9:00	××市天气	
9:30 ~ 11:00	公司类、生活类	
11:30 ~ 12:30	新闻类话题	
13:30 ~ 14:30	公司类、生活类	
15:30 ~ 17:30	生活类	
17:30 ~ 19:00	公司类	
20:30 ~ 21:30	公司类、生活类	
22:00 ~ 23:30	生活类	

4. 微博发布技巧

发布微博也要讲究技巧，具体如下图所示。

微博发布技巧
- 有规律地进行更新，每天5～10条，1小时内不要连发几条
- 上班、午休、下午4点后、晚上8点，抓住这些高峰发帖时间
- 内容要有趣味性，为粉丝提供有价值的信息
- 严格执行内容规划中的内容性质划分，不宜过多地发布广告
- 注重参与和行业相关的重大新闻

微博发布技巧

5. 微博操作细节

微博操作细节，主要包括以下几点：

（1）对所有的新增加的粉丝私信发送感谢短信“感谢您关注××4S店，阳光知己，一路关爱，热线：××××-×××××××”。

（2）对于最新的重大新闻置顶，不时更新。

（3）每天发布8条以上微博，每条微博之间间隔30分钟以上。

（4）每天主动参与评论本地微博客户，增加互动，进而增加客户对我们的黏度。

（5）营销类的重要微博内容发布时同时@给一些重要微博客户及意见领袖，提高转载、曝光率。

（6）加大原创内容，尽量减少转载内容。

相关链接

@一汽丰田—诚信服务，让服务品牌化

面对汽车行业售后服务领域的变革，各大汽车品牌绞尽脑汁，希望通过打造人性

化服务、提高服务效率及扩大服务网点来吸引消费者。一汽丰田秉承“专业对车，诚信待人”的理念，推出了@一汽丰田一诚信服务的微博账号，给微博用户带去实用的服务支持。

1. 体验式营销，品牌化服务

一汽丰田传播模式的改变，得益于当下新媒体的迅猛发展，包括微博、SNS在内的WEB2.0技术使得企业与用户的互动更为直接、快速。2010年年底，一汽丰田售后服务入驻新浪微博。开通微博之初，@一汽丰田一诚信服务发布“一汽丰田一诚信服务开博加粉丝·送好礼活动”，微博发布后仅10天的时间就被转载15723次，评论14421次，微博账号增加粉丝6000余人。真正的服务必须融入消费者用车生活的每个细节，让消费者感受到一汽丰田服务的至诚至信，通过售后服务环节，缔造品牌价值。@一汽丰田一诚信服务执着追求于塑造独一无二的顾客体验式服务，将服务品牌化，致力于打造具有特色的高品质官方微博服务平台。

2. 体验嘉年华

@一汽丰田一诚信服务紧跟公司体验式营销模式的步伐，线上推出“懂车懂生活体验嘉年华”，力求通过社会化媒体平台把一汽丰田的产品、服务、价值等多方面优势呈献给消费者。

目的：呈现服务理念，创新用户体验

策略：线上“体验嘉年华”

策略执行细节：以2003年推出的一汽丰田爱车养护课为灵感，开展线上体验嘉年华，以寓教于乐的方式传播服务理念。用户可以通过嘉年华8大体验模块，开展丰富多彩的线上游戏，在轻松的娱乐休闲氛围中了解用车、养车专业常识，并更正自己汽车使用方面的种种误区。

3. 服务节品牌化

2012年4月12日，“一汽丰田服务节”在国家体育馆水立方发布启动仪式，标志着@一汽丰田一诚信服务线上“服务版块”正式延伸到线下形成“服务节”，实现线上线下联动。

目的：打造服务品牌，丰富服务内容

策略：创办“服务节”

策略执行细节：@一汽丰田一诚信服务

在微博平台开展“春季服务节”“冬季服务节”版块，力求在不同的季节为客户提供针对性的用车养车服务。此外，根据不同的季节、不同的节日传播服务理念，将服务节进行品牌升级，使服务节更具有标准化和流程化。

4. 营销亮点

@一汽丰田一诚信服务微博，秉承为客户提供至诚服务的理念，利用微博平台将看似简单的微博活动，融合成独具特色的服务，打造“一汽丰田诚信服务体验嘉年华”“一汽丰田服务节”等丰富多彩的服务模式，让服务成为一种企业文化，在粉丝及消费者心中形成良好的口碑传播。专门的售后服务官方账号@一汽丰田一诚信服务账号本身就是一个巨大的亮点，在汽车行业领域，以品牌、车型、经销商等不同维度划分的企业官方微博种类繁多，让人目不暇接。一汽丰田售后服务团队创建@一汽丰田一诚信服务专门进行售后服务的运维，为车主提供便捷的汽车资讯渠道，以及更加方便的服务。

5. 体验式营销模式

通过寓教于乐的游戏互动方式，让用户在轻松愉悦的环境中掌握用车养车常识，获得维修、钣金喷漆等体验。犹如用户自己就是一个汽车维修人员，通过线上指导，进行专业化的操作，享受独特体验。

6. 服务节品牌化

通过微博平台定期开展的“春季服务节”“冬季服务节”激起了粉丝较高的参与热情，@一汽丰田一诚信服务把服务带到线下，通过开展线下服务节，让服务成为一种节日，渗透一汽丰田品牌文化中。

第四章 汽车4S店APP营销

章前导引

APP凭借天然的精准性、位置化、长尾性、互动性以及高用户黏性，成了品牌“自营销”的工具，敲开了品牌入驻移动营销的大门。而汽车行业，作为创新营销最为忠实的拥趸和实践者，在探路APP营销的过程中也是创意连连、斩获颇丰，APP成为汽车业营销标配的趋势明显。

第一节 APP营销认知

一、什么是APP营销

APP是英文application的简称，是指智能手机的第三方应用程序。APP营销指的是应用程序营销，是通过特制手机、社区、SNS等平台上运行的应用程序来开展营销活动。

随着移动互联网的飞速发展，移动互联网终端也因此风生水起，手机APP随之应运而生，于是汽车营销多了一种全新模式，而这种模式相比传统汽车营销极具颠覆性意义，因为它改变的是汽车产业全新的营销理念与方向。

二、APP营销的好处

汽车4S店营销入口有很多，可以在微博上做，也可以在微信上做，同样可以在知名汽车行业网站上做，但还是要采用APP进行汽车营销，其好处如下：

（1）APP是进行汽车移动营销一个非常好的选择，因为它是移动O2O的载体。真正的O2O模式还需要移动端来实现，用户可以通过手机客户端随时随地发现产品价值、优惠信息等，而便携式移动终端的功能，用户身份和用户可追踪字符位置的唯一性，将促进移动O2O的发展。

（2）符合当下年轻消费群体的阅读习惯和购物习惯，但需要解决购买后的黏性和口碑良性传播的挑战。

（3）目前APP还在几何增长，APP的市场空间将不可估量，汽车企业趁早布局手机APP为占领市场将起到很关键的作用。

相关链接

汽车APP开发功能

1. 关于我们：方便客户能够直接联系到经销店、客户意见的反馈可以通过手机直接发送到经销店邮箱、店面展示功能可以显示经销店展厅的照片。

2. 车型与360度展示：经销店各种车型360度展示，车主只需要轻轻滑动手指就可以全方位地观看到经销店所有车型、颜色、参数对比、报价、自动计算分期购车方案等信息。

3. 最新资讯：经销店发布的最新资讯。如最新活动、新车型上市信息。车主随时随地了解经销店的信息，而不需要坐在电脑前查看经销店的网站，或者等待偶尔收到的经销店的短信。

4. 查询违章、实时路况：更精准便捷地使车主查询全国范围内车辆违章情况；使车主迅速了解到驾驶区域的路况，方便车主出行。

5. 预约保养：车主只需要简单地填写一些信息，即可以进行预约维修，同时防止传统接电话的预约形式由于人为的疏忽导致发生的失误。

6. 停车位查询、天气状况：方便车主更快速地找到附近的停车位位置；显示近三天的天气情况，帮助车主分析洗车指数，使车主感受到经销店的温馨关怀。

7. 经销店地址显示：在地图上显示经销店的具体位置，方便车主快速找到经销店，轻触电话号码，直接拨通4S店电话。

8. 费用统计：计算车主爱车支出费用，帮助车主更好地管理自己的爱车相关开支。

9. 优惠促销：通过开发汽车APP功能，用户可及时了解维修店举办的活动及优惠信息，给力的折扣，绝不错过。

10. 互动分享：喜欢的车型、最新的促销活动，用户都可以通过微信、新浪微博、腾讯微博分享给好友。

三、APP营销的亮点

APP平台是目前全新的精准营销方式，主要为汽车客户/4S店提供全面的营销战略服务，帮助企业达成品牌形象传播、产品营销推广、客户关系维护、销售转化，从而提升产品销量。它有下图所示的四大亮点。

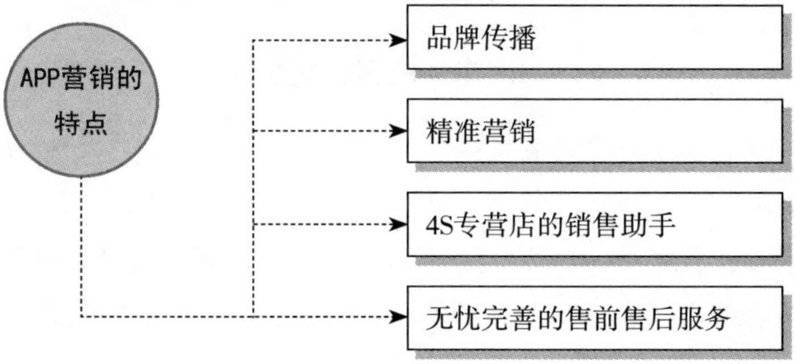

APP营销的特点

1. 品牌传播

（1）实现对4S店的形象展示与宣传，从而有效提升店面的形象价值。

（2）对4S店的经营/服务理念进行宣传展示，有效增强现有客户及潜在客户对4S店的黏合度。

（3）产品移动展厅，可对比查询产品信息及图片；最大化营造漏斗效应，达成（店面/产品）品牌自上而下的推广需求。

2. 精准营销

（1）帮助4S店筛选、锁定目标客户群，实施有针对性和选择性的宣传诉求重点。

（2）售前可通过APP平台将产品/活动信息推送给目标客户群。

（3）24小时绑定潜在客户群。

3. 4S专营店的销售助手

（1）突破传统型录形式，通过图片和表格文字全面展示产品的卖点。

（2）使用手机/平板电脑向顾客介绍产品性能，分享图片和可提供的选择。

（3）销售人员带着ipad，使销售更简便、更高效。

（4）更能增强消费者的用户体验，提高线索量。

4. 无忧完善的售前售后服务

（1）建立完善的移动售前售后服务，方便车主，同时提高4S店的作业效率。

（2）车主可通过手机查询个人档案及在线提交售后保养预约。

（3）车主使用手机即可在线续保，便捷快速。

（4）车主可通过APP平台速拨经销商网点电话，减少（上网查询）等烦琐程序。

（5）第一时间把4S店的最新活动资讯/店面促销信息推送给车主，更快捷、精准完成信息推广。

四、APP营销的推广方式

APP平台营销对汽车4S店来说已是大势所趋，它是一种全新的精准营销方式，当我们拥有了一款用户体验感极佳的APP后，如何更高效地推广自己的APP，吸引用户的下载，得到用户的喜爱，这又是APP平台营销中急需解决的难题。目前APP推广主要方式有如下图所示。

方式一	将APP发布到苹果、安卓的各大应用市场，用户在移动市场中找到相关应用并下载
方式二	运用二维码技术，在一切可显像图文的平台上添加二维码，如4S店官方网站、对外广告、名片、资料册、报纸、杂志、网络推广、电视媒体、户外广告等，用户扫扫二维码，直接进行安装
方式三	优化应用搜索渠道，将网站访问率转化为应用下载量
方式四	专业性媒体、电视广告、网络广告的报道，提高APP的曝光率

方式五	微博营销，给APP注册微博账号，近距离地与用户进行沟通，提高影响力
方式六	口碑营销，通过口言相传，提高APP关注度

APP推广主要方式

五、APP对汽车营销的影响

APP产品不仅吞噬着各种软件，而且对游戏、零售、传媒、旅游、汽车等行业都产生了不小的影响，同时对汽车产业的影响近年来也变得异常明显。

（1）汽车APP时代的到来，让汽车营销多了一种全新的选择，而这种选择可以让企业、经销商、公关、媒介与消费者的距离更近，互动性更强，这是传统营销所不能比拟的，未来汽车APP营销只要通过不断创新与完善，其功能性与互动性绝对能与传统营销平起平坐，甚至可能超越传统汽车营销的效果。

（2）用户在各种场景下使用手机上网的比例都超过50%，其中八成网民在家中利用手机上网，六成网民在乘坐交通工具的时候使用手机上网，当用户大量的时间和精力用于移动互联网时，渠道的营销价值将日益凸显，APP营销的优势也就更加突出了。

（3）智能手机的价值或者说与传统手机的差别其实更多的在于APP，如果只是打打电话或者发发短信，那么智能手机的功能可能只用了10%不到，APP应用才是智能手机的核心价值。当广告客户的管理层使用APP的时间多了，就自然会认可这里的广告价值。

相关链接

APP颠覆汽车营销

伴随移动互联的飞速发展，互联终端也因此风生水起，APP随之应运而生，于是汽车营销又多了一种全新模式，而这种模式相比传统汽车营销极具颠覆性意义，因为它改变的是汽车产业全新的营销理念与方向。

传统营销已无法满足时代需求

汽车厂家宣传品牌与产品除了依靠传统媒体与互联网媒体之外，每年国内国外的各大车展也是其宣传品牌与产品的战略阵地，目的很明确，为了让更多的人去了解汽车品牌、产品、技术和服务。传统媒体传播与互联网传播似乎并不能满足营销时代的需求，汽车营销需要一种全新的营销模式来填充新领域的空白。

汽车营销迎来APP时代

伴随智能移动互联终端的快速崛起，移动设备（手机、平板电脑）和无线终端大有取代电脑成为IT产业核心之势，而移动互联终端的产物APP在近几年的发展也呈现爆发式增长。从发展的势头来看，APP产品不仅吞噬着各种软件，而且对游戏、零售、传媒、旅游、汽车等行业都产生了不小的影响，对游戏、零售、传媒等行业的影响都已经成为不争的事实，而对汽车产业的影响近年来也变得异常明显。

汽车APP营销解决了很多传统营销解决不了的难题：

购买前，消费者查询各种指标进行比较；

购买中，消费者查找经销4S店；

购买后，查询售后服务。

汽车APP提供全方位的、细腻称心的一条龙服务，充分消除了消费者的很多疑虑，由于设计的功能界面简单实用，满足消费者在移动过程中的使用喜好和习惯，符合时间碎片化的时代用户的心理需求，而且没有花里胡哨、中看不中用的功能，没有大量硬广告，更没有把APP当成一个简单卖车的窗口。

由于汽车APP营销充分个性化的传播特点迅速成为营销新宠，各汽车制造商们也正在用各种方式努力地将APP融入车辆，他们既研发自己的程序，也与APP供应商合作，让汽车快速走进了APP时代。

以江淮汽车为例，定制了“江淮汽车”闪建APP，实现了客户在手机上即可了解企业信息、优势、产品介绍、预约试驾、新闻动态、售后服务及使用宝典等一体化服务。为企业销售提供了更好的平台，也为企业提升了销售业绩。

第二节　APP营销要点

一、灵活趣味促进4S店整车销售

4S店所属汽车品牌的APP就像是一个mini版的官网，产品信息、企业信息、动态信息、预约功能、积分查询等内容都可以在该汽车4S店的APP上得到完美展现，被誉为汽车4S店“自营销”的重要阵地。在这个灵活丰富的平台上，可以实现下图所示的销售流程，促进4S店销售转化。

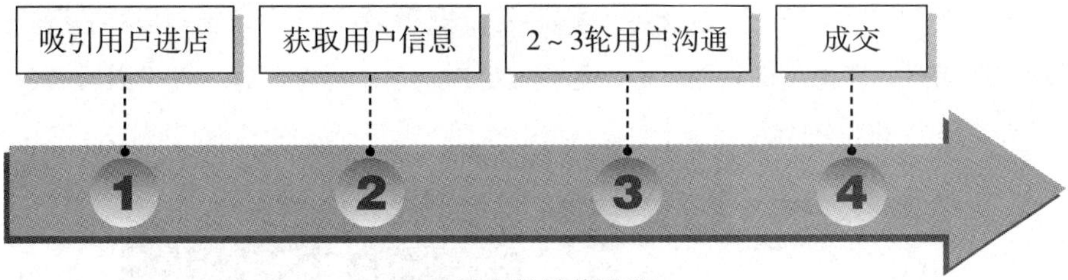

APP平台的销售流程

在APP营销4I（趣味性、利益性、互动性及个性化）理论中，趣味性对于移动互联网用户的营销有着重要的影响。汽车4S店的APP客户端在提升趣味性上具有许多操作形式。

比如，及时发布和展示最新车型、精品车型，还可以提供购车指南、爱车技巧、精品壁纸等实用性强的内容，吸引用户下载和使用汽车4S店的APP。如下图所示。

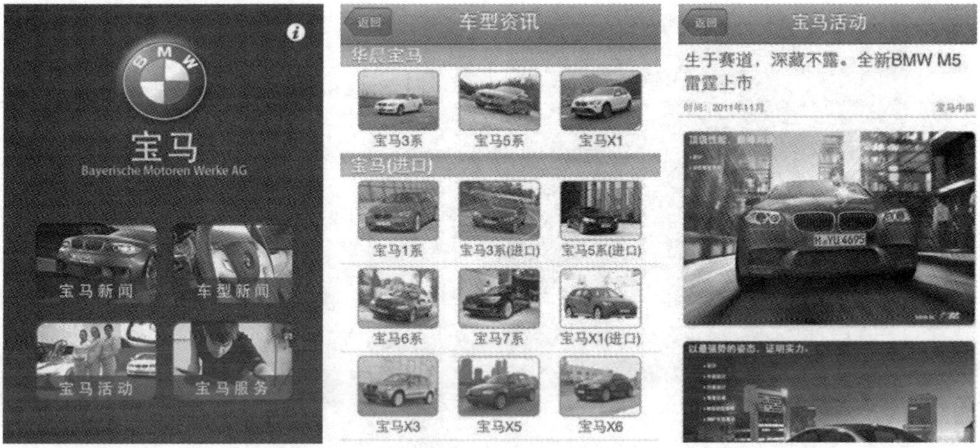

宝马手机APP

二、多种利益手段引爆汽车用户群体消费行动

通过相关的数据研究表明，利用传统广告形式来吸引客户进店，成本支出在400元/人以上，部分的奢侈车成本甚至超过1000元/人，而发展一个汽车4S店的APP客户端用户成本仅需10元。

利益性被誉为4I理论的核心。4S店的APP应用作为汽车品牌嫁接移动营销，覆盖智能手机桌面，实时地为目标消费群体进行一对一的推送品牌、产品及活动信息，对消费者进行利益刺激和引导，通过这款APP，商家将有效地把握目标用户，广告的曝光率、到达率更为精准。

根据4S店内所属汽车品牌的消费人群设定具体的利益刺激方式，可以是实实在在的物质利益刺激，比如优惠促销，诱人的奖品，丰厚的酬劳回报等，也可以以情感利益的诉求入手，比如乐趣、成就感等，通过4S店APP传达给目标用户，从而留住更多目标用户，提高销售转化率。如下图所示的相关汽车APP促销信息。

有关汽车APP促销信息

对于汽车4S店而言，具有煽动性且直接到达客户手机终端的营销手段对APP客户端用户的吸引力最大，也是最能引爆汽车用户群体产生消费行动的有力措施。

三、优质互动改善用户体验

大大改善用户接受4S店服务的体验，在互联网中有一个伟大的概念叫作“互动”，在手机移动网络时代同样适用。良好的互动不仅为品牌的提升带来了巨大的效果，还可以大大改善用户获取4S店服务的体验。

汽车4S店的APP客户端本身就是一个良好的互动平台，既可以免费将各种信息推送给客户，又能直接通过手机实现试驾试乘的预约报名服务，还可以在线完成二手车牌评估、续保提醒、驾驶员分数查询、年审等服务。如下图所示的沃尔沃APP。

沃尔沃APP页面截图

汽车4S店的APP客户端可以解决传统电话预约的诸多问题，提升服务的及时性，避免客户的流失，还可以减少人工座席成本，让4S店的服务重心转移到对现场客户的关注上，是真正的多赢。

四、个性化的服务内容提升品牌形象

与大众传媒的“撒网式”营销推广不同，汽车4S店的APP客户端更精准用户，以实实在在的服务内容为营销标准，让那些真正对某一汽车品牌产生兴趣的潜在客户享受到个性化的服务。这在国际汽车巨头的4S店APP客户端中表现得更加明显和成熟。

比如，雷克萨斯的一键救援功能，一旦车辆出现状况或者是需要某些售后服务，都能够随时通过APP查询到最近的服务中心、拨打救援电话。

其实，分享也是汽车4S店APP客户端中的个性化定制功能之一。用户可以通过微博、微信等将自己心动的产品和服务体验分享给朋友，从而达成口碑传播的效果，提升汽车4S店的品牌形象。

相关链接

大众APP——“有”比“好玩”更重要

从2010年起，大众开始设立数字营销这一专业的线上营销部门，成员都有技术公司的背景，主要策划与品牌推广相关的线上营销活动，移动应用也包括其中。

在数字营销团队主导的“大众自造”创意赛的线上活动中，手机应用“大众自造”取得了不错的效果。这款应用可以让用户自己设计车辆，然后使用照相功能形成自己与车的合影，再上传至大众网站。活动得到了积极的反馈，很多网友将自己的照片上传至网站。完成这个动作需要在网站上注册，数字营销团队会搜集这些后台的数据，将他们默认为对大众的产品可能感兴趣的潜在用户，当有新产品上市的时候，销售部门会利用这些数据，试探性地接触他们。

在大众主导开发的APP中，有产品展示、售后服务和品牌推广三种，大众自造属于最后一类，目标的不同使APP在内容、平台和表现形式方面都有差异。

目标决定内容

一般来说，企业对于应用开发的诉求包括品牌、销售和售后服务等各种目标，应用的内容和形式也会因此不同。比如，在推广品牌方面，像大众这种产品线丰富的大型汽车企业来说，需要从环保友好、社会责任、安全等更高层面进行切入，通过APP将企业对于这些公共问题的立场和态度表达清楚，造冰救北极熊的APP就属于这一类。

目标区分平台

除了内容，不同的目标也会影响到平台的选择。大众赛车部与魔鱼公司联合开发的超级竞速是一款针对跑车品牌的游戏APP，由于潜在的客户群相对高端，他们选择了用户体验较好的iOS进行投放，以保证用户体验上的一致性。同理，如果推广一些10万元左右的车型，也会考虑投放安卓的平台。

这是因为，苹果的iOS平台是封闭的，与硬件相匹配的系统、产品的风格始终保持一致，而安卓的平台由于其开源性，不同厂商出品的设备边框都不一样，可能同一个游戏会出现在好几种边框上面，风格无法保证统一。毕竟，用户浏览时看到的是设备和屏幕的综合效果，而不是只看屏幕。所以，像“超级竞速”这样对视觉体验要求很高的跑车游戏，就不适合在安卓平台上进行投放。

目标影响创意

在大众，除了游戏和一些宣传品牌的创意类APP，如前面提到的“超级竞速”和“大众自造”，很多产品介绍类的APP并不好玩，但是很多时候，企业的目的在于让消费者知道自己紧跟科技潮流，并且了解这个时代的脉搏，这时候，“有”就比“好玩”更重要。此外，这些APP也会让公司内部的同事看到预算花在什么地方，有什么样的效果，从而在内部得到更多支持，才有可能去做更多有意思的项目。

在大众，正因为做了这些基础的信息类APP，产品部门和数字营销部门之间建立起沟通的基础，大家才有可能在合作中碰撞出创意的火花。例如，大众汽车的另一款APP游戏“蓝色驱动”就是大众汽车环保理念和目标的体现。早在2010年，大众汽车就发布了“Think Blue蓝·创未来”的全球性战略。“蓝·创未来”这一理念涵盖三个方面：在产品上，大众汽车致力于为人们提供更加高效、清洁的环保技术解决方案；在人机交互方面，大众汽车将协助人们改善自己的驾驶习惯，从而促成人们主观上的节能降耗意识；企业自身也将更多地投身于各种环保项目中，提高人们的环保意识，共同创建一个可持续的未来。

2011年年底，大众汽车委托TribalDDB北京分公司和特德营销咨询公司共同开发了一款APP——手机应用“蓝色驱动”，这款应用专门为有车一族定制。安装在智能手机上，程序会根据GPS系统定位到车主的位置，画面中会出现一只蓝色的小北极熊，伴随车主驾驶而左摇右晃。当完成驾驶后点击“停止”，本次行程的时间、距离、速度、加速、减速等数据都会被记录下来，应用程序会根据你的表现进行打分，并对你的数据进行分析，给出相应的建议，更会为你量身定制减碳省油。

除了这款追踪驾驶行为的APP，大众汽车在专门的活动网页还开展了相应的宣传活动。网页中不仅可以随时下载APP、追踪你的驾驶行为记录，还提供了一个“造冰救北极熊”的小游戏。在造冰拯救的过程中，还可以与其他玩家PK，赢得奖品。

“超级竞速”与大众

“超级竞速”是一款来自大众官方的赛车竞速游戏，玩家可驾驶六种品牌，包括大众、奥迪、宾利、布加迪、兰博基尼、保时捷等代表性车款，由德国手机游戏开发者魔鱼公司制作。

在中国市场的推广方面，大众希望这款游戏能成为顶级跑车的使者，为此，“超级竞速”发布了简体中文、繁体中文和英文三种版本，还加入了中文社交媒体的组件，使用户可以将他们完成赛事的时间记录和屏幕截图等发到人人网、开心网、新浪微博、腾讯微博等社交媒体上。

第五章 汽车4S店团购营销

章前导引

谈及汽车团购，所有人似乎都并不陌生。如今经销商面对的整体供求关系紧张、销售任务的压力已然不是什么新鲜事，汽车团购作为一种时下流行的汽车营销方式正如雨后春笋般地出现在市场上。

第一节 团购营销认知

一、什么是汽车团购

汽车团购是指公司、单位和个人同时购买多辆同一品牌或同一品牌同一型号的汽车，经销商给予一定的折扣优惠。简单地说，就是许多准备买车的人通过网络、手机短信或电话等各种方式进行组团，组成十几人甚至几十人的团队集体去和经销商砍价，达到以优惠价格买到新车的目的。

二、团购营销的特点

可以说汽车团购已经成为一种时尚的购车方式，实现广大车友的实惠购车梦想，做到省钱、省事、省力、省心。团购营销具有下图所示的特点。

特点一	汽车团购一般能拿到个人在展厅拿不到的价位，不用个人再去拉关系找熟人，能为消费者带来切实的利益，同时也能为汽车经销商带来明显的销量
特点二	汽车团购是一种以量压价的消费行为，其成交价格一般取决于购买的车型、数量以及经销商的利润等因素
特点三	汽车团购作为一种时下流行的汽车购买方式，在其他行业早已屡见不鲜，但对于汽车这种大宗高价产品来说，团购就可不像批发其他产品那么简单

团购营销的特点

三、汽车团购营销的对象

选择汽车团购这种购车方式的消费者以白领居多，年龄在28～45岁。不少是大学毕业没几年的城市新锐消费力量，追求时尚、崇尚速度、敢于尝试新鲜事物是这些年轻消费者的共同特质。

由于收入的限制，其中25岁左右的买主多为按揭还款，35岁以上则以一次性付款居多。当然不同的付款方式还是主要取决于各自的职业。汽车团购者中的很多人是车族玩家，已不是第一次买车，他们很多非常了解各种品牌车的性能和特有气质。

四、团购营销的形式

汽车团购目前有两种形式，一种是自发团购，另一种是有组织团购。

1. 自发团购

自发团购是指购车者自发组织起来的小规模汽车购买，常见的有QQ群、论坛等。毕竟买车对于大多数消费者来说是一个需要他们长时间存钱才能负担得起的消费，而且汽车市场又是如此一个价格翻新迅速的地方，因此他们互相商量，各有分工，最后把各自搜集到的信息汇总，最后派几个代表去和经销商谈判。

2. 有组织团购

汽车团购模式刚刚出现时并不被业内人士所看好，然而团购模式在经历了几起几落后，不仅被越来越多的人所接受，其本身也在向着专业化、人性化方向转变。一些有人气的汽车俱乐部，汽车网站都先后介入团购业务，各路汽车专业媒体也在2004年年初就推出了团车服务。

五、汽车团购的流程

汽车团购的流程并不复杂，具体流程如下图所示。

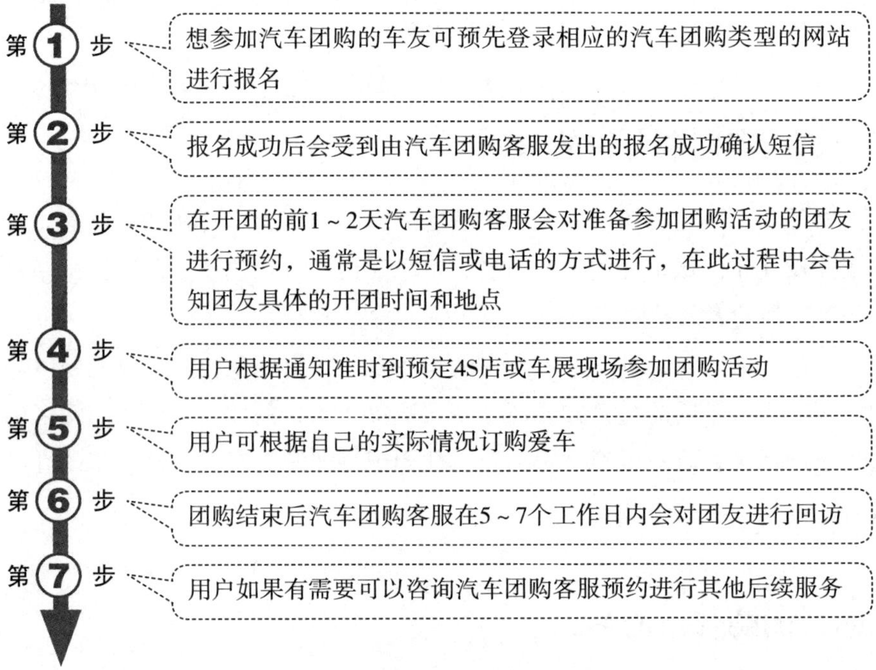

汽车团购流程

第二节 团购营销要点

一、汽车团购价格吸引力最关键

汽车团购，价格的吸引力最关键。量大从优，团购形成的人数越多，经销商给予的优惠可能就会越大。具体优惠价格要根据不同车型而定，不过一般来说团购优惠价格部分比自行购车会多1倍左右，比如某车型市场优惠1万元，那么团购优惠价格可能会达到2万元左右，团购的价格优势不言而喻。如下图所示的团购海报。

团购海报优惠信息

团购的另一个好处还在于省时省力。除去购车之前挑选自己爱车的时间，通过汽车团购的形式购车能够省去消费者大量的时间和精力。

二、汽车团购时间和人数有要求

汽车团购当然不是完美的，比如时间。一般汽车团购组织都要求在某一特定时间集体看车或者购车，对于部分消费者来说，时间可能并不合适。

汽车团购还要求一定人数，一般都会要求5人以上，人数达不到预期也会“流产”，而某些消费者中途退出也是经常发生的事，并且优惠的价格往往都只在确定团购的当天，过时不候，过了这村就没这店。

参加汽车团购的4S店往往会要求消费者在购车后必须到指定地点办理保险，并要求缴纳一定的押金，否则，押金很可能就不会退还。

三、并非所有车型都适合团购

当然不是所有车型都会参加团购，而且很多汽车企业明确拒绝汽车团购，在他们看来，团购有损自己的品牌形象，并且认为某些经销商自行采取团购的形式提高销量会对其他经销商造成不公平。

目前市场上允许采取团购形式销售的车型大多是消费者普遍了解或比较小众的车型，这些车型不会是新车，售价不是很高，销量也不是很高。

在当天当地（过时不候），消费者自行前往购车的汽车4S店，由汽车4S店销售人员统一讲解车型信息以及具体优惠价格（报名前一般不会告知消费者具体价格）。得到消费者认可后直接签约购车。

相关链接

适合团购的车型

1. 适合团购的汽车品牌

汽车如何团购？哪种品牌比较好？目前主流汽车团购品牌为：一汽大众、上海大众、东风日产、东风雪铁龙、雪佛兰、别克、丰田、本田、现代、起亚、福特、马自达等合资品牌及吉利、奇瑞等国产品牌，该类汽车品牌旗下车型基本在30万元以内，部分车型在各个细分市场均有不同的业绩和不俗的表现，深受消费者喜爱。

2. 不适合团购的车型

适合团购的车型基本售价在30万元以内，但部分车型因市场原因特殊不适合团购，如：

（1）车源紧张的车型：如途观、高尔夫等，因特殊市场原因，目前尚需加价购车，该类车团购基本无意义。

（2）保有量极少或销售状况极差的车型：该类车型因销量小，厂家本身促销力度极大，即便团购也不可能再有多大的让利空间。

3. 热门团购车型

微型车：奥拓、乐驰、旗云1、熊猫。

小型车：爱唯欧、标致207、飞度、哈弗M2、POLO、骊威、锐欧、瑞纳、起亚K2、炫丽等热门车型。

紧凑型车：爱丽舍、宝来、奔腾、标致308、福克斯、捷达、科鲁兹、卡罗拉、朗逸、骐达、悦动、速腾等热门车型。

SUV：哈弗系列、IX35、RAV4、科帕奇、比亚迪S6、瑞虎、智跑、途胜等30万元以下备受关注的车型。

中级车：八代索纳塔、迈锐宝、迈腾、帕萨特、天籁、君威、君越等热门车型。

四、团购虽好，要适可而止

汽车团购作为一种时下流行的汽车购买方式，对于4S店来说到底是一味解药还是毒药，下面正反两方分别给出了自己的观点。

1. 反方——团购是毒药，容易上瘾

（1）价格上的优惠是团购成功的重要因素，不放价，客户不会来，来了也不会买，不优惠也很难达到团购的氛围。当价格放出去，价格就收不回来，对未成交的客户影响较大。可以理解为，效果越好，影响越坏。

（2）团购会在一个时间段内成交大量客户，客户提车往往要等较长时间，影响客户满意度，并且在后期很长一段时间销售顾问都会忙着交车，对接下来的工作有影响。

（3）在短时间销量大幅度提升，厂家考核也有提升，可以拿到一定的奖励，但将面对下个月更大压力的销售任务。团购一般热销车型订单较多，这与4S店库存存在矛盾。厂家在要求经销商做团购活动时，对经销商团购有考核要求，目标无法完成，反倒被罚款。

（4）团购相对于车展来说，是临门一脚，团购没有新的潜客进入，很大程度上是在啃老本。团购一般促销政策较固定，会影响保险、金融、精品推销，影响整体销售质量。团购中有时会赠送售后礼包，这对售后增值业务的开发有影响。更何况团购效果未必明显，还有一定成本，会干扰销售节奏。

（5）当团购活动成为一个店的习惯，降价就能卖车，一些店就往往陷入一个误区，对一些常规改善手段就不感冒，反而导致4S店营销手段的单一化。

（6）团购只是一个促销手段，无关于4S店的生死。市场竞争，价格战是难免的，但永远不是最重要的。更何况现在很多店是亏本卖车，会出现“小吃大的现象”，你车卖得越多，死得越快。

2. 正方——团购是解药，好处多多

（1）厂家压库过大，团购加快经销商资金周转，降低了财务成本。厂家考核营销计划要求，有活动支持，必须做团购。厂家奖励政策刺激。团购活动成交量大，帮助经销商冲击更高台阶的奖励。

（2）同城同品牌价格战，不是你死就是我活，不团购还怎么活。

（3）相对于大型车展团购成本相对较低。大型车展前或后，消化潜客。潜在客户近期较多时，特别是对某款车型意向客户较多时，团购消化潜客。

（4）店内团购能避免出现同城竞争的现象。提升销售士气，提升销售顾问的销售收入。团购多卖车，对售后肯定有促进作用。

（5）库存车、超龄车团购处理。新车将上市，老款车型急需处理。避免高库存打乱销售部的政策策略。

对于汽车4S店来说，团购就如同“神药”，尽管当时能立即见效，看起来相当给力，越用越上瘾。但这也不是长久之计，依赖性太强，药效越用越不明显。

五、团购营销的策划

对于汽车4S店来说，如何组织有效的团购活动，集中收割潜在客户，成为摆在每个4S店面前的重要课题。一般来说，要策划一场团购营销活动，可按以下几个步骤进行。

（1）确定活动主题，查询客户资料，根据4S店现状、品牌现状、车型现状等来制订合适的活动方案，确定活动流程、活动时间、人员培训、广宣设计等安

排准备。

（2）根据车型特点和适用人群、当地市场行情等确立媒介方案。选择最优媒介渠道，以软文推广、H5、段子或者其他广告表现形式来吸引客户参加活动。

（3）培训4S店销售人员话术是一个非常重要的环节。销售人员直接决定了订单成交率，4S店应专门培训销售人员话术，提升其销售能力与水平。

（4）后续跟踪要做到位。销售人员要敦促订单客户付款提车，重点跟踪未成交客户，做好相关信息的详细调查，数据评测，以便优化整体方案便于二次邀约。

下面提供几份汽车4S店团购营销策划方案，仅供参考。

【范本1】奇瑞汽车4S店团购会方案

奇瑞汽车4S店团购会方案

一、活动目的

团购活动正值国庆期间，为了进一步挖掘客户，提高奇瑞汽车销量，提高4S店知名度和美誉度。

二、团购流程

（1）10: 00～10: 30集合，到达4S店（路途中间由4S店派发环保袋，以及奇瑞车型宣传单），4S店在店面摆放条幅（欢迎看车团来店团购）。

（2）10: 30～10: 45，进行初步的车型介绍，参加团购车型，以及车型价格（由4S店派发奇瑞便签本）。

（3）10: 45～12: 00，由销售人员进行一对一讲解，进行喜爱车型试驾。

（4）12: 00～12: 40，午餐时间（由4S店免费提供）。

（5）12: 40～14: 00，进行签订购车合同并且缴纳汽车款，销售人员办理相关手续（前2个付款者可获得100元油卡）。

（6）14: 00～14: 30抽取奖品。

全程由摄影师负责跟踪拍摄。

三、宣传方式

（1）本市电视台：在节目结束时显示15秒左右的静态页面，内容关于奇瑞品牌汽车团购优惠。

（2）广播电台：以广播形式进行宣传。

（3）看车团QQ群内宣传。

（4）相关汽车网发帖宣传。

四、抽取奖品方式

由团购组织方提供100%抽奖奖活动：

一等奖1名：奖品便携式GPS1台；

二等奖2名：奖品奇瑞汽车抱枕2个；

三等奖5名：奖品奇瑞打火机1个。

五、团购结束

全体4S店工作人员欢送看车团。及时将本次活动发布到汽车网，以及各大网站，宣布此活动圆满成功。

备注：

（1）团购组织方提供物品：精美环保袋（每个人必送的，并带有logo）、价值100便携式GPS1个、奇瑞抱枕4个、奇瑞打火机五个（带logo）。

（2）4S店提供欢迎团购主题条幅、免费午餐、免费饮料。

【范本2】××汽车4S店团购会策划方案

××汽车4S店团购会策划方案

一、活动主题

××首届“夏季清凉行”团购会。

二、活动目的

1. 以团购为噱头，挖掘潜在客户。低首付，夏季高温出行难，冲击无车人群购买欲。

2. 以抱团购买促销升级为契机，提升单一频次和销售数量。

3. 提升潜在意向客户，拉帮结派购车欲望，将我公司活动宣传最大化。

三、活动背景

目前，多数消费人群并不清楚门店位置，市场有多数同类型竞争产品，进行消费截留，对我店销售十分不利。市场进入淡季，农历七月鬼节气氛十分浓烈，多数人不愿意此时候购车。

四、活动概况

活动时间：7月份

活动地址：××汽车4S店

活动主办方：××汽车4S店

五、活动展厅布置

（一）店外

1. 临近街区和市区主、支干道上的标语宣传。

2. 店外陈列标志企业logo和车型logo的刀旗。

3. 门店外所有围墙柱子全部用金布包裹，树上挂LED彩灯。

4. 门外设置大型拱门。

5. 门前设置升空气球。

6. 门前设立大型主题展板一块，发布活动主题。

7. 门口到店内入口铺红地毯。

（二）店内

1. 门口迎宾接待处向入场者赠送活动的宣传品、礼品及纪念品。

2. 设立迎宾和导购小组。

3. 顶端悬挂团购会的挂旗。

4. 现场宣传单页的发放。

5. 搭建DVVT展台，用顶灯和地灯突出DVVT新车上市的效果。

6. 店内可准备悬挂气球、绕柱彩带、条形小LED彩色灯等。

（三）人员要求

穿着整洁统一，态度热情友好，以为客户提供优质服务和满足客户的需求为首要任务，全部使用礼貌敬语与顾客沟通交流。如果有必要，可以进行为期一周的培训。

（四）宣传准备

即日起邀请各大媒体，包括电视和报纸等，为其安排专门的场地并指派专门人员监督和协助，全程报道活动的进行情况。（注：现有的媒体合作伙伴一定会来，其他的媒体要去尽量争取。）

六、活动流程

1. 活动开始前，排专车到指定地点接参与团购的消费者来展厅。

2. 公司全体员工在展厅门口列队欢迎。

3. 客户进场后，每部车旁要至少有2名销售人员，大堂经理负责统筹工作人员。

4. 活动结束，安排人员对购车的顾客进行一对一的服务，直到车主驾车离开。其他顾客安排专车送回，员工在门口同样报以热情的欢送，并目送对方离开。

5. 最后，组织人员清理场地。

七、活动方式

1. 三人成团，五人成军，团结起来到××占便宜。三人成团最高优惠×××元，单一车型最高优惠×××元。

2. 团购送豪礼，人多更升级。三人团购，在成交价基础送最高再赠×××元精品大礼包。五人团购，在成交价基础送最高再赠×××元精品大礼包。

3. 幸运砸金蛋清凉伴您送。一等奖，价值×××元空调；二等奖，价值×××元名牌加湿器；幸运奖，汽车四件套。

八、活动宣传

1. 广播（××交通之声）

——老王这个月在忙啥？

——正准备拉帮结派到××抢车啊！××“夏季清凉行”惠民团购正式召集，多一个省×××元，更享超级大礼，还有机会砸金蛋赢好礼！

——那赶紧走吧!还在等什么？

更多促销详情请咨询……

2. 媒体：××日报、××经济报、××都市报

3. 网站：××网、××团购网、××团购网

4. 外场：各大型小区、工业区以及商场超市门口进行巡展活动

公司计划于7、8月份进行巡展，每周至少××场，由销售部和市场部共同协作完成，具体内容：传播品牌、促销政策、累计意向客户，培养销售人员积极性、销售主动性、市场延续性！

【范本3】精彩5月约“惠”全城——北京现代团购会××站

精彩5月约“惠”全城——北京现代团购会××站

一、活动背景

1. ××为延续5月全国统一团购大促销营销氛围，增大××区域营销宣传的

效果和影响力；为延续这种氛围，促进××业绩再提升。

2. 经研究后，选择××展厅组织一次5月百城团购活动，打造年度媒体合作平台，通过多种形式的深度合作，及时发布北京现代及××4S店活动信息，迅速提升北京现代全系车型在××的知名度和关注度。

二、活动时间

2016年5月28日（上午）

三、活动规则

1. 宣布参加团购竞价会的车型、配置、价位。

2. 在市场指导价的基础上统一下落5000～30000元不等，且部分车型增配导航+倒车影像、皮质座椅、侧后膜等汽车装饰综合优惠再次下落增加2000元。团购起步20台开始认购，每多一位购车客户，所有团购车系再次下价500元，下价封顶为3000元。超过30位购车客户的，将由总经理揭开在原来基础上再大让利之价格（竞价车数量有限，即买即得）。

3. 车型、配置、价位以参购车为准。

4. 当即认购者以定金为准，预付定金3000元现场公示。

5. 凡进店客户均有进店礼品。

6. 参加该次活动客户需事前交100元押金，交100元抵500元。

7. 订车客户与购车客户签字、交相应车费后，可参加公司统一组织的游戏，获得更多礼品、汽车装饰、赢购车费等。

8. 购车客户在活动结束后进行统一的交车仪式。

四、活动的时间安排

1. 5月15～25日

（1）好朋友车音乐电台FM90.7，每次35秒，10次/日，共计10日的电台宣传。

（2）汽车音乐电台FM89.3，每日35秒，10次/日，共计10日的电台宣传。

（3）××古城广告2期。全市宣传。

2. 5月28日工作安排

（1）悬挂条幅、彩虹门，车辆准备、场地布置、展厅布置。

（2）人员工作分配，召开工作会议。

（3）活动总负责人：×××（负责整体活动的方案制定、落实与督导）

副负责：×××

×××：负责场地、展厅、场景的布置工作协调

×××：负责北京现代销售人员的安排、接待、车辆手续的协调办理。

销售人员：负责车型的讲解

×××：负责车辆的状态维护、试乘试驾活动的安排。

×××：专职客户的试驾

财务部：负责定金车辆手续的办理

×××：负责照相、礼品的发放登记

售后部：负责车辆的PDI检测和问题的处理协调

3. 5月28日活动流程

8:00～9:00，展厅、场地、彩虹门、音响以及人员全部到位，车辆就位，做好到店客户的接送工作。

9:30～10:00，热场。

10:00～10:10，主持人宣布“团购竞价”活动的开始。

10:10～10:50，团购竞价活动。

10:50～11:30，客户游戏、试驾安排。

11:30～12:00，购车手续办理、交车仪式、抽奖仪式。

12:00～12:30，客户就餐、休息及恭送客户。

4. 工作人员的安排

（1）所有销售顾问全部着工服、胸牌正装（黑皮鞋、白衬衫、黑裤子、化淡妆、干净、大方）。

（2）所有人员必须服从当时的工作安排。

（3）所有人员必须注意安全，尤其是车辆、人员的安全。

五、活动的物料准备

1. 门口横幅：××欢迎北京现代购车团客户莅临我店！

2. 展厅横幅：朗动零利率零利息；21800元瑞纳“包牌”开回家！

3. 门头液晶屏：精彩五月·约“惠”全城！

4. 彩页（北京现代全系）与名片合订。

5. 礼品200份。（洗衣粉、洗衣粉皂与全系车型资料一套）

6. 水果（香蕉、瓜子、西瓜、糖）

7. 音响、麦克风、主持人

8. 桌子、椅子、沙发、茶几、看板、彩虹门

六、游戏环节

距离20米，将2014巴西世界杯足球踢入球栏内。

（1）踢入一次：1个足球。

（2）连续二次：立减100元。

（3）连续三次：车衣一套。（领取按本店要求）

（4）连续四次：大包围脚垫一套。

（5）每组每人一次机会，封顶奖励大包围脚垫一套，不可以重复享受。

（6）最终解释权归北京现代××4S店所有。

第六章 汽车4S店店面营销

章前导引

汽车4S店店面营销是一种交易营销，主要强调将尽可能多的产品和服务提供给尽可能多的客户。尽管新式营销技巧不断涌现，不过商家仍不可摒弃店面营销，应发挥店面营销的优势来提升汽车4S店的销售业绩。

第一节 店面营销认知

一、什么是店面营销

店面营销是指店铺内外部经营，针对光临或路过的流动顾客所要做的促销手法。店头行销是流通零售终端所特有的行销方式，而它的表现除了反映商品、企业活动、商店促销之外，也是终端在行销力及服务力的结合表现。

店面营销是以店面为一个点，沿着市场需求和时间纵深展开，它强调销售员的主观能动性、阶段性重点事件处理和时效延续性。

二、店面营销的目标

车辆销售是4S店获利的重要途径之一，通过行之有效的销售管理就可实现如下图所示的目标。

店面营销的目标：
- 建立一套科学化、标准化、规范化的销售流程并付诸实施
- 提升销售人员的销售技巧和工作效率
- 提高展厅成交率，给4S店带来直接经济效益
- 提高客户满意度，创造出属于品牌和4S店的终身客户

店面营销的目标

三、提升店面知名度

汽车4S店应在现有条件下，有效提升店面知名度，具体方法如下图所示。

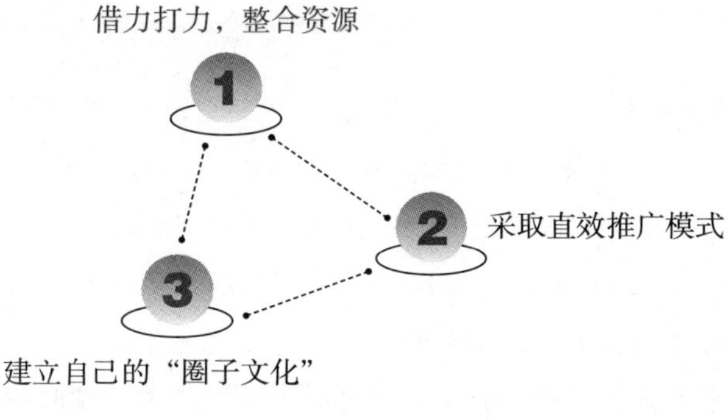

提升店面知名度的方法

1. 借力打力，整合资源

必须通过好的创意做一些有亮点、有影响力的公关活动，以此来聚焦人们的眼球。此时要懂得借力热点，营造声势；整合资源，凸显价值。

在资金有限的情况下要提高知名度，主要还是通过公关活动做出特色，借势热点形成聚客能力，然后突出放大自身的优势，通过整合利用周边资源营造饱满的客户价值，做强口碑。

2. 采取直效推广模式

根据销售上的“大数法则”，来4S店的顾客越多，成交概率就越高。经营状况不佳，就是因为上门的顾客少。这不完全是因为企业知名度不够，还存在便利性不足的问题。顾客来不来店看便利性，买不买车看性价比。性价比不仅仅是汽车性能与价格，而是整体价值与价格。整体价值包括汽车产品性能、品牌价值、售后服务等综合价值。这就要求4S店采取直效推广模式，提升店面的知名度，具体措施如下图所示。

采取直效推广模式的措施

图示说明：

（1）寻找与汽车目标客户定位相符的商业企业交换广告资源，诸如房地产售楼处、购物中心、写字楼等。可交换广告资源很多，如广告位交换、广告媒介交换、广告陈列资源交换，或者联合开展一些互动性促销活动。

（2）访销包括上门、电话、会议、信函、网络等多种销售沟通方式，这也是一种传播。访销对象要立足于汽车目标客户，包括团体型客户（企业事业单位）、关联性客户（汽车司机）、老客户（以旧带新）及其他可以掌握详细资料的个人型目标客户。

（3）珍惜上门的顾客，最大化留住他们。汽车价格的可降空间有限，这时可以在增值服务上下些功夫，为顾客多干点活儿，为顾客多做点事儿，如延期保修服务、增加服务项目、增加服务频次等。在给顾客安全感的同时，也让顾客觉得经济上划算。

3. 建立自己的“圈子文化”

4S店应集中精力找到性价比最优的推广方案，以此建立自己的“圈子文化”。具体措施如下图所示。

措施一	集中精力布置好展厅内外，车辆摆放、客服礼节、文化氛围等都要显出独特的个性
措施二	集中力量提供特色的产品组合服务。这包括汽车信息提供+汽车展示+新车试乘试驾+俱乐部营销+其他温馨服务
措施三	集中精力每年做一次有影响的促销活动。每年轰轰烈烈在当地做一次可行性强、影响广泛的促销活动，以求留下深远的影响
措施四	集中精神采用新型的、省钱的新媒体推广方式。通过个性化的信息传播，快速建立4S店的“圈子文化”

建立自己的“圈子文化”的措施

第二节　店面营销流程

一、销售准备

汽车销售人员在销售汽车之前，要做好以下准备工作。

1．人员准备

汽车4S店可以在销售办公室设置立地式整容镜，销售经理每月排定每日展厅值班人员轮值表。早会前销售顾问自查仪容仪表，穿着规范的制服，保持整洁，佩戴铭牌。早会中销售经理检查仪容仪表和着装规范，早会确认排班顺序。

2．早会

早会是当天工作的正式开始。早会一定要全员参加，在展厅内进行，由销售经理主持，时间不超过15分钟。每日召开早会，为当日工作做好准备。早会主要事项包括下图所示的内容。

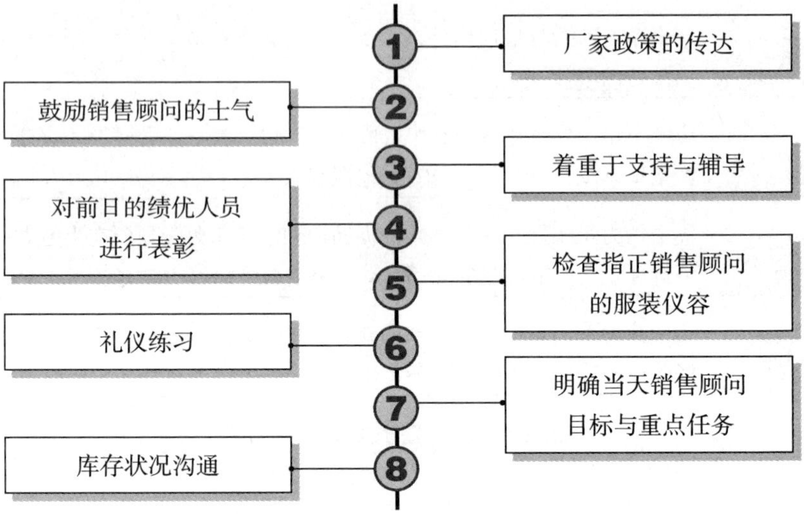

早会的主要事项

3. 销售工具夹准备

销售顾问配备统一的销售工具夹，每人1份。销售工具夹主要包括：

（1）办公用品。计算器、笔、销售记录本等。

（2）销售表单。报价单、购车合同、分期付款文件、保险文件、一条龙服务文件、精品价格文件、试乘试驾协议、售后服务相关文件等。

（3）产品资料。车型目录、软文剪辑、竞争车型对比资料、精品资料、库存车辆信息等。

4. 其他

展厅设定专职前台服务人员，值班人员每小时巡视展厅一次，检查展车及展厅内部环境。

（1）前台服务人员在接待台负责统计来店（电）客户流量，转接客户来电，维持销售顾问排班顺序。

（2）值班销售顾问在展厅大门内侧站立值班，接待来店客户。

5. 夕会

夕会是当天工作的结束。夕会不一定要所有人员参加，一般在会议室或销售办公室进行，由销售经理主持，销售主管必须参加，市场人员列席，时间为15～30分钟。

每天召开夕会，计划第二天工作事项。夕会主要事项包括如下内容：

（1）销售顾问填写（确认）当日客户信息。

（2）销售经理检查确认各项销售数据。

（3）销售顾问计划次日工作。

（4）销售案例分析探讨（成交/战败）。

（5）产品或销售技巧的培训沟通。

（6）市场动态与竞争车型的研讨。

（7）销售顾问专项辅导。

6．管理重点

（1）每月月底前召开次月销售计划会议，设定月销售计划和目标，并说明分配各销售小组（个人）次月销售目标。

（2）每日早会指示当日工作重点，夕会指示次日工作计划。

（3）建议每月定期召开前一月销售总结检讨。

（4）每日夕会点评当日业绩。

（5）督促销售顾问实施客户管理，并确认进展情况。

（6）每日夕会检讨当天失败案例。

（7）每周举办内部分析讨论会，研讨成交和失败案例。

（8）将销售顾问的目标达成列入绩效考核。

二、客户接待

良好的客户接待可以为客户留下深刻的第一印象，销售顾问的专业服务和亲和力将会消除客户的戒备心理，并为购买经历营造一种轻松愉快而满意的氛围。

1．客户来店接待程序

客户来店接待程序，如下表所示。

客户来店接待程序

序号	程序	客户服务标准	标准执行说明
1	客户进店前	（1）保安人员迎接客户：敬礼、问候，指示展厅位置 （2）引导客户车辆到相应停车位置，指示客户将车倒入停车位	（1）值班保安人员着标准制服，对来店客户问候致意，并指引展厅入口 （2）若客户开车前来，值班保安主动引导客户进入客户停车场停车，安排人员为客户擦洗清洁车辆 （3）若在雨天客户开车前来，主动拿伞出门迎接客户
2	客户进店时	（1）销售顾问迎接客户：微笑欢迎客户光临，并询问客户来意，提供热情服务。前台服务人员向客户问候“欢迎光临” （2）销售顾问递交名片：随身携带名片夹，递送名片时，将自己的名字朝向客户，双手齐胸递交名片。客户接受后，礼貌地自我介绍，并请教客户称谓：“您好，我是销售顾问××，请问先生您如何称呼？”（主动热情，明确客户称谓，并以此称呼客户）	（1）客户来店时，值班销售顾问迎至展厅门外，主动微笑招呼客户，帮助客户打（拉）开展厅大门 （2）销售顾问随身携带名片夹，适当时机介绍自己，并递上名片，请教客户称谓 （3）所有员工在接近客户至3米内时都主动问候“您好”
3	客户看车时	（1）询问话术范例：“××先生，您好，欢迎光临。请问是第一次来我们展厅吗？有什么可以帮您的？”（明确客户来意） （2）引导话术范例：“×先生，您请随意参观，有事请随时招呼我。”（可回到接待台或值班位置）	（1）主动询问客户来访目的，按客户意愿提供服务 （2）若客户希望自由参观，告知客户自己在旁恭候 （3）与客户保持3米距离，关注客户动向和兴趣点 （4）客户对展示商品有兴趣时，销售顾问主动上前服务

（续表）

序号	程序	客户服务标准	标准执行说明
4	客户洽谈时	（1）接近话术范例：“×先生，您现在看的是我们的新产品×××，这是一款很不错的车…”（主动趋前服务，从客户关注车型入手） （2）邀请入座话术范例：“×先生，您喝点什么饮料？我们这儿有茶水、咖啡和可乐……您请坐！”（引导，帮客户挪座椅）	（1）向客户提供可选择的免费饮料（3种以上），主动邀请客户就近入座 （2）客户入座座位可观赏感兴趣的车辆 （3）征得客户同意后入座于客户侧面，保持适当的身体距离（0.8～1.2米） （4）与客户交谈的同时，应随时关注客户的同伴
5	客户离开时	（1）送客礼仪：引导客户，主动拉开展厅大门，与客户道别后目送客户离开，挥手作别。若客户开车前来，则送客到车边 （2）即使与客户没有接触，销售顾问和前台服务人员也应有送客的动作，送客户至门口，感谢客户光临	（1）提醒客户清点随身携带的物品 （2）送客户至展厅门外，感谢客户惠顾，欢迎再次来访 （3）微笑，目送客户离去（至少5秒钟时间） （4）值班保安人员向客户敬礼致意道别 （5）若客户开车前来，陪同客户到车辆边，感谢客户惠顾并道别 （6）值班保安人员提醒客户道路状况，指引方向
6	客户离开后	（1）销售顾问回展厅整理业务洽谈区、展车，恢复原状 （2）整理客户信息，填写“来店客户登记表”	

2. 电话接待程序

汽车4S店电话接待程序分两种情况，一种是打电话给客户，另一种是客户来电，这种情况的接待程序如下表所示。

电话接待程序

序号	情况	接待程序
1	去电时	（1）做好打电话前的准备工作，了解客户资料和信息 （2）接通电话后先表明自己的身份，并确认对方身份 （3）电话结束时感谢客户接听电话，待对方挂断电话后再挂电话 （4）记录客户信息和资料
2	客户来电时	（1）客户来电先由前台服务人员处理，电话铃响3声之内接听 （2）若客户咨询产品和销售服务事项，则转接销售顾问接听 （3）销售顾问在电话铃响3声之内接听，微笑应对 （4）主动报汽车4S店名称、接听人姓名与职务。如：“您好，××汽车4S店，我是销售顾问×××，请问有什么可以帮您的？” （5）在电话中明确客户信息，包括联络方式、咨询事项等，积极邀请客户来店参观。如：“×先生，非常感谢您来电咨询，方便留下您的联络方式吗？如果我们有新的消息可以及时通知您。欢迎您来店参观，我是销售顾问×××。” （6）结束时感谢客户致电，待对方挂断电话后再挂电话 （7）填写“来电客户登记表”，记录客户信息

三、需求分析

进行需求分析的目的是为了切实了解顾客购买汽车的需求特点，为推荐、展示产品和最终的价格谈判提供信息支持，让顾客体验到4S店“顾客至上”的服务理念和品牌形象。

1. 通过观察进行分析

观察的重点主要在以下几个方面，如下图所示。

① 衣着 —— 一定程度上反映经济能力、选购品位、职业、喜好

② 眼神 —— 可传达购车意向、感兴趣点

③ 表情 —— 可反映情绪、选购迫切程度

4	行为	可传达购车意向、感兴趣点、喜好
5	随行人员	其关系决定对购买需求的影响力
6	步行/开车	可以传达购买的是首部车/什么品牌、置换、预购车型等信息

观察的重点

2．通过提问进行分析

可通过提高的方式来对消费者的需求进行分析。提问方式包括开放式提问和封闭式提问两种。具体特点如下表所示。

提问方式的特点

序号	提问方式	特点
1	开放式提问	开放式提问的主要目的是搜集信息，通过开放式提问，让客户展开话题，充分表露自己的想法和意见，也就是客户的期望和需求。适当的开放式提问能让客户打开话匣子，为销售顾问提供更多关于客户的信息
2	封闭式提问	封闭式提问的主要目的是确认信息，在搜集到足够信息后，销售顾问就可以确定自己的判断和理解。用封闭式问题集中提问，将客户需求不断地确定下来，最后就能确认哪个产品或服务符合客户需求

3．需求分析程序

客户需求分析程序，如下表所示。

客户需求分析程序

序号	程序	客户服务标准
1	寒暄/沟通	（1）从寒暄开始，找到共同话题，营造轻松氛围 （2）善于提问，积极倾听，让客户畅所欲言

（续表）

序号	程序	客户服务标准
2	搜集客户信息	（1）搜集客户个人信息，如姓名、电话、通信方式、家庭情况、业余爱好等 （2）搜集客户的购车信息，如目标车型、购车日期、购车用途等 （3）需求分析的目标是形成内容详细的“意向客户管理卡”
3	总结与确认客户信息	（1）销售顾问应分析客户的不同需求状况，回复客户所关心的问题 （2）协助客户整理需求，总结客户需求状况并于适当时机现场记录 （3）顾问式地协助客户确认其需求，推荐可选购的车型 （4）若无法回答客户的问题，切勿提供不确定的信息，可请其他同事或主管协助解决

四、产品说明

产品说明是销售流程的核心环节，根据客户需求，有针对性地进行产品说明及展示品牌汽车综合竞争优势，促使客户产生信任感，让客户了解品牌汽车价值，以及为其生活和工作带来的激情与利益。

销售顾问必须直接针对客户需求和购买动机介绍产品特性，帮助客户了解产品是如何符合其需求的，只有这样，客户才会认同其价值。产品介绍可采用六方位绕车法和FAB法则介绍汽车。

1. 六方位绕车介绍

六方位绕车法主要是从汽车的六个方位不同的特性来介绍，具体方法如下表所示。

六方位绕车法介绍

序号	方位	具体介绍
1	车头前端	（1）车头部分介绍主要是将车辆的外观、风格等逐一阐明，并且使客户在介绍中对车辆发展历史和设计理念有个大致了解 （2）汽车正前方是客户最感兴趣的地方，当销售顾问和客户并排站在汽车斜前方时，客户会注意到汽车的标志、保险杠、前车灯、前挡风玻璃、雨刷设备、汽车高度、接近角等

（续表）

序号	方位	具体介绍
2	发动机舱介绍	打开发动机盖，固定机盖支撑，依次向客户介绍发动机舱盖吸能性、降噪性、发动机布置形式、防护底板、发动机技术特点，包括对车辆引擎、悬挂、连动系统、转向系统、动力保修条款讲解，这些讲解非常实用和必要
3	前乘客席外侧介绍	在乘客席外侧，销售顾问全面地将车辆细节部分详述给客户，包括轮胎轮毂、车门把手等。走到车侧面，让客户听听钢板厚实或轻薄的声音，感受良好出入特性以及侧面玻璃提供开阔视野，体验宽敞明亮的内乘空间，客户就能将自身需求与汽车外在特性对接起来，对于车辆安全性能与安全配置的相关问题也能在这段介绍中得到答案
4	车尾后端介绍	站在汽车背后，距离约60厘米，从行李箱开始，依次介绍高位制动灯、后风窗加热装置、后组合尾灯、尾气排放、燃油系统。车尾后端主要讲解的是车辆储物空间以及内部设计连贯性、便利性，注意不要忘记介绍备胎
5	驾驶席介绍	驾驶席介绍是客户直观体验车辆的一段过程。汽车销售顾问可以鼓励客户进入车内，先行开车门引导其入座。告诉其汽车操控性能的优异性，乘坐舒适性，详细解释操作方法，如雨刷器的使用、如何挂挡等
6	内饰介绍	将车辆内部空间和内饰装潢向客户讲解。这时客户可以对车辆的一些细节做探究，如内饰做工、车内隔音、座椅空间等

最好让客户进行实际操作，同时进行讲解和指导，介绍内容应包括座椅多方位调控、方向盘调控、开车视野、腿部空间感觉、安全气囊、制动系统表现、音响和空调。

2. FAB法则介绍

FAB法则，即属性（feature）、作用（advantage）、益处（benefit）的法则。用FAB法则介绍的好处有下图所示的三个。

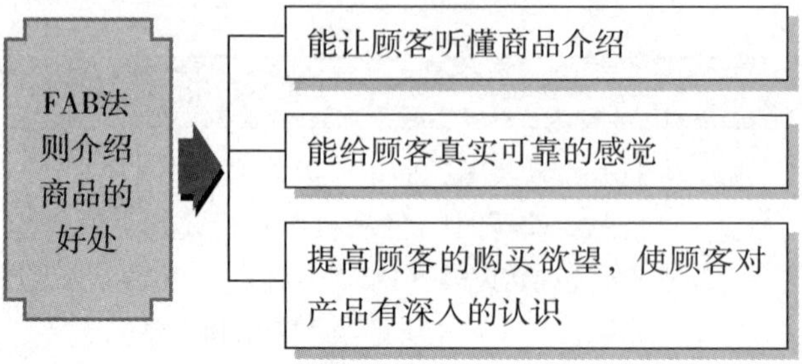

FAB法则介绍商品的好处

销售顾问在使用FAB（features advantages benefits）方法介绍汽车时，需要掌握一定的介绍技巧，具体如下图所示。

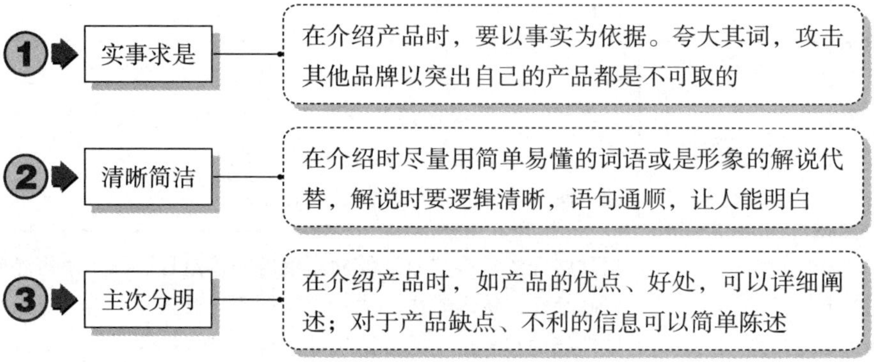

FAB介绍技巧

五、试乘试驾

试乘试驾是产品介绍的延伸，也就是动态产品介绍。试乘试驾的目的是让客户通过切身驾乘感受，加深其对本品牌汽车产品的认同，从而增强其购买信心。

1. 试乘试驾准备

试乘试驾准备工作，主要包括车辆、人员及路线准备。具体工作如下表所示。

试乘试驾准备工作

序号	准备	具体工作
1	车辆	（1）配备符合要求的试乘试驾车，专车专用，证照齐全 （2）试乘试驾车由专人管理，保证车况处于最佳状态，油箱内有足够燃油 （3）试乘试驾车每日清洁，保持整洁，停放于专用停车区域，并有统一标志 （4）试乘试驾车辆应每日达成规定车辆行驶里程要求
2	路线	（1）合理规划试乘试驾路线，避开交通拥挤路段 （2）在展厅内设置试乘试驾路线图示，随车放置“试乘试驾路线图” （3）统一规划标准试乘试驾行驶路线图 （4）路线规划时，设定试乘试驾时间为15～20分钟 （5）路线规划时，最高车速不得超过80公里/时 （6）路线规划时，应参照车辆性能来进行路况设定，尤其是越野车型
3	人员	（1）销售顾问最好具有合法的驾驶执照 （2）若销售顾问驾驶技术不熟练，则请其他合格的销售顾问驾驶，自己陪同
4	文件	在试驾前需要准备试驾登记表、试驾协议书、试驾评估表等文件

2. 客户试乘时

若有多人参加试乘试驾，则请其他客户坐在车辆后排座位，确认车上所有人员系好安全带，提醒安全事项，销售顾问将车辆驶出试乘试驾车停车区域，示范驾驶，销售顾问驾驶时依车辆行驶状态进行车辆说明，展示车辆特点。

3. 换手时

试车需要换手时，一定要注意安全。其注意要点如下：

（1）在预定地点换手，车辆熄火后取下钥匙。

（2）提醒或协助客户调整座椅、后视镜等配备，确认客户乘坐舒适并系好安全带，再次提醒安全驾驶事项。

（3）在客户的视线范围内换到副驾驶座，入座后将车钥匙交给客户。

（4）准备三种不同类型的音乐光盘供客户选择，试听音响系统。

4. 客户试驾时

让客户自己体验车辆性能，销售顾问提醒体验重点。观察客户的驾驶方式，挖掘更多的客户需求。若客户在试驾过程中有危险动作，又不听陪同人员劝告的，销售顾问应果断终止试驾。

5. 试乘试驾后

试乘试驾后。要注意询问客户的试车感受，并巧妙地试问客户是否有购买意向。

（1）确认客户已有足够时间体验车辆性能，不排除再度试乘试驾的可能性。

（2）适当称赞客户的驾驶技术。

（3）引导客户返回展厅（洽谈区），总结试乘试驾体验，填写“试乘试驾反馈表”。

（4）适时询问客户的订约意向。

（5）待客户离开后，填写“意向客户管理卡”，注明客户的驾驶特性和关注点。

六、报价成交

报价成交应让客户更为积极主动，允许他有充分的时间进行考虑和做出决定，向客户详细解释合同条款的内容，为新车交付做好铺垫。

1. 车辆选择

与客户确认意向购买车型、颜色、装备等。

2. 说明销售价格

在向客户说明销售价格时，应注意如下事项：

（1）请客户确认所选购车型，以及是否需要提供保险、按揭、上牌等一条龙服务。

（2）根据客户需求拟订销售方案，制作“商谈备忘录”。

（3）对报价内容、付款方式及各种费用进行详尽说明。

（4）留给客户充分的时间审阅“商谈备忘录”，并耐心回答客户问题。

（5）说明价格时，再次总结产品主要配置及客户利益。

（6）重复关键内容，并确认客户完全明白。

3. 签订合同

签订合同时，要注意以下事项：

（1）详细说明车辆上牌程序及费用。

（2）检查库存状况，设定交车时间并得到客户认可。

（3）请客户确认报价内容。

（4）制作合同，准确填写合同中的相关资料。

（5）请销售经理确认合同内容。

（6）协助客户确认所有细节，客户签字后把合同副本交给客户。

（7）签订正式合同后，销售顾问将合同存档。

（8）销售顾问陪同客户前往财务部，处理付款事宜。

4. 后续工作

签订合同后的后续工作主要包括如下事项：

（1）根据实际情况，再次与客户确认交车时间。

（2）若无法在约定时间内交车，应向客户表示歉意，并与客户商议处理方案，在车辆准备期间应让客户及时了解准备情况。

（3）车辆到达，通过检验后，第一时间通知客户准备余款。

（4）销售顾问跟踪客户支付余款情况，直到客户支付完所有款项。

（5）如果需要，为客户提供一条龙上牌服务。

（6）上牌完毕后，及时通知客户随时来取车，并与客户预约交车相关事宜。

七、新车交付

在销售流程中，新车交付是客户最兴奋的时刻，若能让客户在交车的过程中拥有愉快满意的交车体验，则能提高客户满意度，为将来与客户保持长期、良好的关系建立基础。

1. 交车前准备

（1）销售顾问委托售后服务部门进行新车交车前检查PDI（Pre-Delivery

Inspection）。

新车检查表（PDI），如下表所示。

新车检查表（PDI）

车型代码	底盘号	发动机号	经销商代码	交车日期

1	发动机号、底盘号、车辆标牌是否清晰，是否与合格证号码相符	
2	发动机号、底盘号、车辆标牌是否符合交通管理部门规定	
3	核对随车文件（与上牌照相关文件）是否正确	
4	目视检查发动机舱（上部和下部）中的部件有无渗漏及损伤	
5	检查发动机机油油位，必要时添加机油	
6	检查冷却液液位（液位应达MAX. 标记）	
7	检查制动液液位（液位应达MAX. 标记）	
8	检查助力转向液压油油位（油位应达MAX. 标记）	
9	检查蓄电池状态、电压、电极卡夹是否紧固	
10	检查前轿、主传动轴、转向系及万向节防尘套有无漏油或损伤	
11	检查制动液储液罐及软管有无渗漏或损伤	
12	检查车身底板有无损伤	
13	检查轮胎、轮辋状态；调整轮胎充气压力至规定值	
14	检查车轮螺栓及自锁螺母拧紧力矩	
15	检查底盘各可见螺栓拧紧力矩	
16	检查车身漆面及装饰件是否完好	
17	检查风窗及车窗玻璃是否清洁完好	
18	检查座椅调整、加热、后座椅折叠功能及安全带功能	
19	检查方向盘调整功能及燃油箱盖开启功能	
20	检查内饰各部件及行李箱是否清洁完好	
21	检查所有电器、开关、指示器、操纵件及车钥匙的各项功能	

（续表）

22	检查前、后刮水器各档功能、雨量传感器功能及调整清洗液喷嘴喷射角度	
23	检查车内照明灯、警报灯、指示灯、喇叭及前大灯调整功能	
24	检查电动车窗升降、中央门锁，车外后视镜调整及天窗开关功能	
25	检查车外后视镜调整、内后视镜防刺目功能及天窗开关功能	
26	检查收音机功能，将收音机密码贴于收音机说明书上；校准时钟；维修保养间隔显示归零	
27	检查空调功能，将自动空调的温度调至22℃	
28	查询各电控单元故障存储	
29	检查钥匙、随车文件、工具及三角警示标牌是否齐全	
30	装上车轮罩、点烟器、顶棚天线及脚垫	
31	除去前轴减振器上的止动器（运输安全件）；取下车内后视镜处的说明条	
32	试车：检查发动机、变速箱、制动系、转向系、悬挂系等功能	
33	除去车内各种保护套、垫及膜	
34	除去车门边角塑料保护膜	
35	填写“保养手册”内的交车检查证明，加盖经销商PDI公章	
本车已按生产厂规定完成交车前检验，质量符合生产厂技术规范。 经销商签字：　　　　　　　　用户签字：		

白色联：4S店保留　　　　　　　　粉色联：用户保留

（2）确认客户的付款条件和付款情况，以及对客户的承诺事项。

（3）交车前3日内电话联系客户，确认交车时间，并告知交车流程和所需时间（1小时），征得客户认可。

（4）交车前1日再次与客户确认交车事宜。

（5）展厅门口设置交车恭喜牌，交车区场地打扫干净。

（6）按“新车交接单”确认待交车辆内外整洁，重点检查车窗、后视镜、烟灰缸、备用轮胎和工具。

（7）车内铺上保护纸垫，调校时钟和收音机频道。

（8）待交车辆油箱内加注10升燃油。

（9）通知相关人员交车仪式的时间和客户信息，确认出席人员。

（10）准备个人小礼物。

2. 客户接待

在预定的洽谈桌上设置预定交车牌，交车客户识别物可以根据区域情况确定，能凸显客户的尊贵感和交车的喜庆气氛，可以以不同的标志物代表不同车型，便于员工辨认并恭贺。在接待客户时，要注意如下事项：

（1）取车客户到达时，销售顾问预先到门口迎接，态度热情，恭喜客户。

（2）先邀请客户至交车区确认新车，然后告知客户后续手续，并引领客户至预订的洽谈桌，进行交车手续。

（3）为新车客户准备并佩戴识别物，例如胸花、交车贵宾证等。

（4）每位员工见到取车的客户，立刻道喜祝贺（全员恭贺）。

3. 费用说明/文件交付

交车时售后部门必须积极参与，服务人员介绍时间至少15分钟。保养说明时强调定期保养的意义和预约的概念，可制作贴纸粘贴于车内，提醒车主保养时间/里程。保修说明强调非保修的项目和范围，避免客户误解。客户参观售后服务部门时，主要介绍5S、专业工具设备、原厂备件、人性化的休息区等内容。

（1）销售顾问利用《购车合同》说明各项购车费用。

（2）若为客户代办上牌业务，销售顾问利用“上牌手续及费用清单”说明上牌费用。

（3）销售顾问向客户介绍售后服务部门服务人员。

（4）服务人员利用《保养手册》解释车辆保养和维护的日程。

（5）服务人员利用《保养手册》说明车辆保修内容和范围。

（6）服务人员利用相关书面资料介绍品牌的售后服务网络，以及本店服务部的营业时间、服务热线、预约流程等。

（7）带领客户参观售后服务部门，加强客户信心。

4. 车辆验收

合理安排，减少客户等待时间，如可在售后服务人员介绍时进行精品安装等工作。所有的交车文件和资料应放入统一规范的交车资料袋，并附有清单，待客户确认后正式转交。

（1）销售顾问引导客户至交车区，进行车辆检查，并根据“新车交接单”逐项确认。

（2）利用《用户手册》介绍新车使用方法及安全驾驶说明，必要时为客户示范驾驶。

（3）协助客户确认所定购的精品、附属件，告知赠送10升燃油。

（4）销售顾问清点并移交车辆文件以及车辆钥匙。

（5）确认所有事项后，与客户核对交车事项与“新车交接单”，并请客户签名确认。

5. 交车仪式

介绍销售经理、服务经理或其他人员与客户认识。销售经理、服务顾问参加交车仪式，有空闲的工作人员列席，向客户赠送鲜花，拍摄纪念照；销售顾问向客户赠送私人小礼物。

（1）交车时要谨记向客户承诺的事项。

（2）销售顾问个人的小礼物应根据客户的喜好准备。

（3）总经理参与交车仪式，表示对客户的重视。

（4）交车纪念照建议在客户回店进行首保时交给客户，并配以精美的相框。

6. 与客户告别

（1）确认客户可接受的售后跟踪和联系方式，并简要告知跟踪内容。

（2）客户离开时，参与交车仪式人员送客到展厅门外，目送客户驾车离开，挥手道别。

（3）客户离去后销售顾问整理客户资料，填写“保有客户管理卡”。

八、售后跟踪

最后的一个步骤就是跟踪了，有很多销售人员可能觉得在上一个步骤就已经完成销售了，或者觉得最后一个步骤可有可无。其实不然，后续工作虽然是销售过程的最后阶段，但也是下一次销售活动的开始。为了挖掘新的客户，最重要的确保可以从老客户那里得到，因此要与所有的老客户保持联系。

售后跟踪的目的是继续促进与客户之间长期的服务关系，提升客户满意度，提高客户回厂率。通过建立定期跟踪机制，可以挖掘更多的商机，提高效益。

相关链接

如何提高展厅集客量

集客量是指销售过程中的有效客户访问量，是包括客户在各种渠道中针对售卖产品的主动问询、关注，以及销售现场到访的总体数量。

所谓集客，就是指有目的地聚集客户、顾客的意思。从营销学意义上讲，集客，就是潜在目标客户群的聚拢。在传统营销渠道中，主要指销售现场的到访人流。这一到访人流数量，就是集客量。集客量会影响最终的有效成交量。

对于4S店来说，展厅集客量少的客观原因有以下几个：

1. 店面处于郊区，周边商业中心较少，店面周边环境不太理想。
2. 市场推广工作欠缺。
3. 厂家支持较少，没有区域大规模的宣传造势。
4. 自品牌太年轻，没有形成一定知名度。

那如何提高展厅集客量呢？具体方法如下。

一、客户研究

没有调查，就没有发言权，追根溯源，无论何时，都不应该抛开顾客谈方略，否则，势必成为无源之水，无本之木。汽车4S店对消费者的研究始终不可懈怠，例如基本特征、消费心理、行为习惯、决策思路、购买特征、用车状况等方面的调查总结、研究分析。

二、广宣策略

作为集客的常规直效方式，广告往往会被七零八落地投放，市场人员在未对媒体严谨连续的监测情况下，仅凭历史经验或道听途说，匆匆决策，造成了不少的资源浪费。

在策划过程中，投放目标、预估效果、投放成本、媒体排期、主要内容、文案、创意元素、广告形式、规格、时长、频率、策略组合等要素都应该明确到位。值得强调的是，除了注意VI、CI标准外，各时期的广告主题应鲜明突出，并且具备一定的连贯性，切忌过多主题内容，分散注意力，彼此割断，打哪儿指哪儿。

秉承对公司负责的心态，媒体投放效果监测必不可少，以销售顾问、服务前台与专项调研作为市场部重要的反馈渠道和方式，经过考核广宣相关时期内的来店、电量、销量的前后增减变化情况，针对广告成效、投放成本等给以初级性测算评估，撰写报告留存归档以备决策参考。

三、促销措施

促销是吸引客人的惯用手法，在区域市场内，汽车4S店促销对象应主要集中于准购车者与交叉消费群，而游离性消费群与竞争品牌的准购车者处于次要地位，切忌本末倒置，主次不分。

目前，市场上现金优惠、赠送精品礼包、赠售后服务、送油卡与门票、获旅游机会等各种方式层出不穷，令公众眼花缭乱，目不暇接。方式本无对与错，好与坏之分，为什么会出现不同的结果？只有在恰当的时候，在合适的地方，将心仪的价值，以恰当的方式传导给了促销对象，才实现了销售的成功。

成功的促销是在一个个严谨流程中产生的。根据不同时期、不同环境，在理解顾客相应特征的情况下，汽车4S店适时圈定各类促销对象，寻找其所关注的利益与公司价值主张的切合处，做到精准营销。

四、店头诱导

为吸引目标顾客来店，市场人员或在销售的各个环节设置了种种的小诱惑，如看车有礼、试驾有礼、购车有礼、推荐有礼等；或者通过直接举行活动吸引公众，如新车试驾会、节日（周年）庆典、媒体看车团、趣味比赛、艺术文化展等方式，一般情况下，这些会起到一定的促进作用。

不过，店头诱导不能只停留在直接利益的诱惑上，而应谋划长远之计，将公司的“价值主张”逐渐深入具象化。

销售人员不要简单地局限于销售跟进，更应留下来店客户的相关信息资料，对他们进行统一分类汇总，无论成功购买与否，至少他们对品牌店有些印象，这些都将是品牌店潜在的传播载体。所以，销售和市场人员对其忽略不得。不妨借助节假日、店头活动等契机，以电话、DM、短信等形式传递问候祝福和动态信息，讲求适当节奏与频率（一旦被认定为垃圾信息和骚扰，反而弄巧成拙，得不偿失），力求再次唤起再记忆，积少成多，以待涓涓细流汇成河。

五、推广活动

户外展示、试乘试驾、社区联谊、上门拜访等推广方式同样是展厅集客不可缺少的渠道之一。

任何推广活动都应讲究目的性、计划性、关联性，市场部根据月度集客目标布局并且有步骤、有条理进行落实。

活动前，做好预期宣传，严密部署人财物；活动现场，注重品牌形象宣传，制定特殊促销策略，要求销售顾问认真搜集意向客户信息、记录需求特征，主动欢迎到店获得更多切实体验；活动后，推动媒体后续报道，进行信息汇总归档、效果评估，找出与计划的差距，及时采取其他补救措施，齐心协力，确保每月集客目标的实现。

六、客户关系

从客户中来，到客户中去，营销应回归原点，强化服务质量的同时，始终注重良好客户关系的建立、维系、提升。汽车4S店通过积累稳固的基盘客户群，不断蓄势，通过客户的口碑传播赢得更多的新客户到店，建立良好的客户关系。

良好的客户关系对于展厅集客具有一定的战略性意义，提高客户关系管理水平务必要提到4S店的工作日程上来。为此，管理者要以身作则，不断提高自我思想意识，强化自身素养，逐渐完善管理工具、工作流程、相关标准、考核方案并切实与薪资待遇挂钩，通过各种调查方式，逐渐完善顾客信息，为开展客户活动奠定坚实的基础。

只有在较好掌握顾客信息的情况下，车主活动才会起到更大的效果和影响。由定期主题活动拉近彼此距离，实行客户积分奖励制度团结消费者，制定服务菜单切实满足顾客的需求，不断制造更多的正向传播机会，循序渐进，日渐深化。由此，为展厅集客扎实了良好的群众基础。

七、公关活动

在展厅集客方面，媒体、政府组织、企事业单位、合作伙伴、内部员工等利益相关者们也是汽车4S店的宣传载体和潜在客户，积极主动的公关，有利于增加提及率，增强公众对品牌店的好感。

集客量的持续提升，是一项长期性系统化的工程，需要以上短、中、长期等各种方略的有机结合，相互补充，逐步推进，切勿再局限于短期手段。

第七章 汽车4S店大客户营销

章前导引

客户是企业利润的来源，根据2/8原则，大客户则是企业创造利润的关键，大客户的价值无意之中被提升到战略的高度，因此如何真正体现并提高大客户的价值从而为企业创造更大的利润则成为一门值得任何一个企业去深入研究的学问。

第一节 大客户营销认知

一、什么是大客户营销

大客户营销，就是针对大客户的一系列营销组合。大客户是相对于一般消费者而言的，一般指的是企业客户或者渠道商，其价值相对比较大，需要一对一地进行客户管理与营销战略实施。

1. 大客户的定义

大客户有广义和狭义之分。从广义来说，大客户是指具备引导消费理念作用、对区域销售有战略意义的客户。从狭义来说，大客户指一次或多次连续积累，大量采购，在某区域对品牌（厂家/4S店）和销量有极为重要和深刻影响的客户，其中包括厂家特殊商务政策所允许的重要客户。

2. 大客户的特征

大客户与普通客户相比，其特征如下图所示。

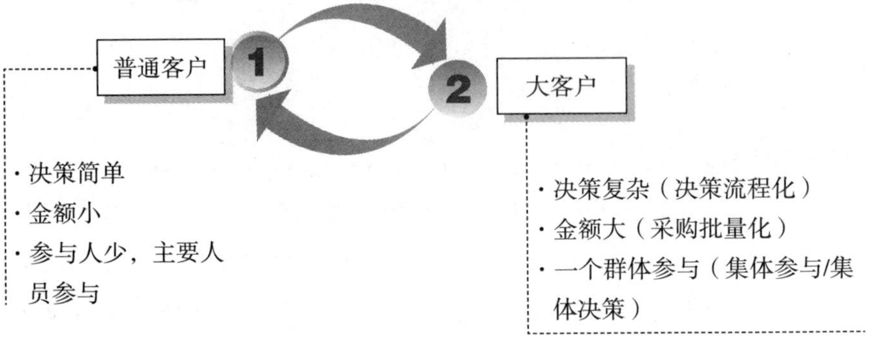

大客户的特征

二、大客户的分类

汽车4S店可将大客户进行分类，具体如下表所示。

大客户的标准

序号	大客户分类	客户对象	批量（台）
1	第一类	政府机关采购，公安、检察院、法院、军队、武警等国家权力机构	≥3
2	第二类	企业（集团）、事业单位	≥5
3	第三类	出租、租赁、驾校等经营性单位	≥10
4	第四类	福、体彩及各种奖励用车辆的采购单位	≥10

相关链接

4S店大客户开发的六大门道

作为汽车经销商，我们新车销售中的大客户有下列几种：

1. 政府企事业单位采购

近几年国家限制三公消费，公车采购量下降，经销商重视度也随之下降，限制三公消费，不等于取缔三公消费，不等于没有公车采购，量虽少了，但进入了政府采购则代表车型符合标准，供应商资质良好。可以作为企业形象宣传，因此政府采购依旧要重视。政府采购的信息渠道主要有：

（1）政府机关事务管理局车辆管理处；车辆定编、老旧车辆更新，新车采购审批均需要这个部门来审核；部分省市还有个部门：控制社会集团购买力办公室，该部门是财政厅下设机构，管理设区市以下单位的政府采购的审批工作。

（2）采购单位车管部门。

（3）公安系统采购有两条路，一是由公安装财部门统一采购，由上海012单位（公安部下属单位）向厂家直接采购；二是自有资金本地采购，还有就是走的保安公司等其他途径。

（4）国税、地税、法院、检察院等执法部门一般也会采取省级的统一采购，机关事务管理局或控办审批。

（5）国有企业也有走政府采购，机关事务管理局或控办审批；到了采购中心招投标阶段的车辆一般车型已选定，剩下的就是价格和服务等方面的竞争了。

2. 公务员、车改政策客户

这几年公车改革和反腐之后，越来越多的公务员、车改政策用户开始自购车辆，越来越多的厂家意识这类群体的庞大，纷纷出台相关大客户政策，经销商应将相关政策向全体员工宣导，全员营销，寻找符合政策规定的客户。可从原有基盘客户、保有客户中积极宣导政策；利用自媒体等多维度开展宣传引导工作。

3. 私营企业

私企购车考虑的是车辆的实用性和后期使用成本，可以考虑从行业协会、商会、专业市场等渠道拓展业务，可以让员工（员工来自各地，每个城市都有员工老家的商会）利用个人身份（会费低）加入商会，与会长、副会长单位建立关系，开展各种异业联盟活动，主动提供爱车课堂等建立情感维系，适时推出购车和售后服务专案；行业协会和专业市场可选择有影响力的带头企业先突破。

4. 外商、外资企业

外商、外资企业，包含台资、港资等，这类企业大多会采取租赁的形式解决其用车问题，可以考虑以租代购方案，提供相应的租赁发票。许多地方都有招商局或商务局专门负责招商引资，通过他们为外资前期考察项目时提供用车服务，前期建立好感，开展互动，为后期服务。

5. 出租车

出租车的行业主管部门：交通局运管处（客管处），负责城市出租车的管理工作，出租车增加、车辆更新、运营管理、车辆维保都由他们负责，每年有多少出租车指标，他们最清楚，出租车的车型选择他们也有话语权。其次是出租车公司，购置出租车的出资主体，也是决策者之一。许多城市的出租车经营权有个体挂靠公司的，每个出租车司机都是决策者之一。我们需要寻找出租车司机中的头领、带头人，攻破一人，就能影响一大批。出租车使用年限一般为8年，司机关心的是影响车辆上座率的车型、后期维修保养的费用、配件的价格、售后服务的及时性，双燃料出租车司机们还关心燃气储气筒的大小等。

6. 租赁车

这类群体也较多，神州租车这类的大型公司，一般会找汽车生产厂家直接谈采购。租赁公司一般会选择市场认可度高、出租率高、保值率高，后期好处置的车型。对于热销车型、需要加价的车型、运动型车较少选择，越来越多的租赁公司购车会考虑经销商和主机厂是否提供金融方案，能否解决他们的资金问题。有许多租赁车辆不上公牌，汽车金融公司不接受租赁公司等都会影响金融方案，这需要经销商多想方法，也需要汽车生产厂家的支持。

大客户工作需要经销商高度重视，店总、投资人都需要亲力亲为，销售部、售后服务部、客服部、市场部等多部门高度配合，公司任何员工发现线索都应及时汇报，集公司全体的力量，共同攻破。大客户经理要做好日常维系工作，店总要定期检查大客户经理的客户拓展维系工作，抽出一些时间陪同大客户经理去走访大客户单位。充分利用合作的保险公司、银行的大客户资源，共同开发维系，多做异业联盟活动，长期努力，大客户工作一定会开花结果，硕果累累！

三、大客户关系管理

大客户营销是一种关系营销，必须有长期经营的准备，必须有资源（财力、人力）的投入和支持。

1. 关系营销的定义

关系营销是把营销活动看作一个企业与消费者、供应商、分销商、竞争者、政府机构及其他公众发生互动作用的过程，其核心是建立和发展与这些公众的良好关系。

关系营销关注长期交易，专注客户忠诚，并强调企业与分销商、供应商、政府、客户、内部员工等各方面的关系建立与维持。

2. 关系营销的特征

关系营销的特征，具体如下：

（1）双向沟通。

在关系营销中，沟通应该是双向而非单向的。只有广泛的信息交流和信息共享，才可能使企业赢得各个利益相关者的支持与合作。

（2）合作。

关系有两种基本状态，即对立与合作。只有通过合作才能实现协同，因此合作是“双赢”的基础。

（3）双赢。

关系营销旨在通过合作增加关系各方的利益，而不是通过损害其中一方或多方的利益来增加其他各方的利益。

（4）亲密。

关系营销不只是要实现物质利益的互惠，还必须让参与各方能从关系中获得情感的满足。

（5）控制。

建立专门的部门，用以跟踪客户、分销商、供应商及营销系统中其他参与者的态度，由此了解关系的动态变化，及时采取措施消除关系中的不稳定因素和不利于关系各方利益共同增长因素。有效的信息反馈，也有利于企业及时改进产品和服务，更好地满足市场的需求。

第二节　大客户营销要点

一、大客户信息的搜集

在竞争激烈的大客户市场营销中，谁能先人一步，快人一步，谁就能斩获先机；在情报为王的大背景情况下，谁了解客户与竞争对手的真实状况与意图，谁就能在激烈的市场竞争中脱颖而出。

1. 客户信息搜集渠道

汽车4S店可以通过保有客户推荐；其他部门（例如售后服务部门）或人员推荐；董事长、总经理等高层领导的人脉关系；陌生电话或陌生拜访；媒体、网络、报纸、杂志的招标信息等渠道搜集信息。

2. 客户信息搜集内容

客户信息搜集内容，具体如下表所示。

客户信息搜集内容

序号	类别	具体内容
1	客户资料	（1）客户组织机构 （2）客户各种形式的通信方式 （3）客户的使用部门、采购部门、支持部门 （4）客户具体使用人员、维护人员、管理层、高层 （5）客户公司车辆的使用情况 （6）客户的业务情况 （7）客户所在行业的基本状况
2	项目资料	（1）客户最近的采购计划 （2）通过整个项目要解决什么问题 （3）使用者、决策者和影响者 （4）采购时间表

（续表）

序号	类别	具体内容
2	项目资料	（5）采购预算 （6）采购流程
3	客户个人资料	（1）家庭状况和家乡 （2）文化程度 （3）喜欢的运动 （4）喜爱的餐厅和食物 （5）喜爱的娱乐项目 （6）喜欢的宠物 （7）喜欢阅读的书籍 （8）行程 （9）在机构中的作用 （10）同事之间的关系 （11）今年的工作目标 （12）个人发展计划和志向
4	竞争对手资料	（1）竞争车型的使用情况 （2）竞争车型的优劣对比分析 （3）客户对竞争车型的满意度 （4）竞争对手的销售代表的名字和销售特点 （5）该销售代表与客户的关系

3. 客户信息搜集方法

客户信息搜集可以通过政府方面搜集、正常营业活动中搜集、类比法搜集、分类排查法搜集，具体如下表所示。

客户信息搜集方法

序号	方法类别	具体说明
1	政府方面	（1）及早从政府财政预算部门得到客户购车信息是最有价值的信息，因为此时客户虽有购车计划，但具体采购什么品牌的车，一般还未确定，即使有一定倾向意见，但只要工作做得好，是可以争取到客户的

（续表）

序号	方法类别	具体说明
1	政府方面	（2）我国以集团名义购车，绝大部分地区在上牌时须办理定编手续。通过定编办，可以得到客户的购车信息 （3）通过车管所，可以了解客户过去购买竞争品牌车辆的情况，从中找出有价值的大客户 （4）与政府采购部门建立良好关系，从而获得政府部门的采购信息。一般地方政府采购中心每月进行一次招标，且招标时间相对固定，每月至少应在招标前去一次 （5）政府采购中心一般建有网站，通过查寻政府采购信息网，也可获得车辆招标信息
2	正常营业活动	（1）通过接待的来店（电）客户中，及早发现大客户，并给予高度重视。一般大客户都有一种优越感，稍敏感一点的销售顾问即能发现。关注近期来店较集中的同一专业车、大客户，该集团有可能在进行“车改”。 （2）通过展示宣传促销活动或调查报告中发掘大客户。汽车4S店在做各种宣传促销活动或调查报告时，从客户留下的资料中发掘大客户 （3）根据内、外部情报搜集 （4）在保有客户中寻找
3	类比法	（1）通过其他地区经销商已成交或正在促进的集团或行业客户，结合本地情况参照确定。一般同一行业具有联动效应，尤其是“车改”，联动效应非常明显。如在进行“车改”的行业有机场、民航系统，电力系统、电信系统、银行系统、钢铁公司、报业集团等 （2）现在，全国公车改革呈加速之势，应引起各经销商的重视。每年公、检、法、银行系统都有采购计划，应重点关注
4	分类排查法	按行业类别、重要程度进行分类，并编制大客户明细表，如政府采购、公、检、法、武警、部队、航空、电力、电信、工商、税务、石油、化工、钢铁、邮电、医疗卫生、教育院校、大型厂矿等。借助当地电话号码本（黄页或114查号台）查询客户联系电话和负责人

4. 建立大客户信息数据库

大客户信息数据库能对客户信息资源进行方便的检索和使用。不仅仅是一列名单，可以用手工或计算机系统完成。简单的卡片索引和日志系统也可以起到信息留存的作用。大客户信息数据，主要应包括：公司名称；主要联络人和头衔；主要联络人的个人情况，如家庭详细情况、业余爱好、兴趣等；电话及传真号码；地址；集团规模及保有公务车种类；产业类型；需要的和使用的特殊车辆；以往的通讯记录；以往的答复；以往的交易。

二、大客户市场的开拓

汽车4S店在每月末应召集相关人员制订下月度大客户开拓计划，并落实责任人。按客户重要程度，合理分配时间和人力资源，有针对性地安排拜访活动。

1. 拜访前准备

在进行大客户拜访之前，试问自己以下几个问题：

（1）拜访客户的最佳时间是什么？

（2）我们的产品可以解决客户哪方面问题？

（3）客户的需求是什么？

（4）客户具有准备购买的条件吗？

（5）在拜访的各阶段应该怎么做？

（6）可以使用哪些辅助工具（宣传单页、车型目录、报价单等）？

（7）客户可能的异议是什么？

当然，汽车4S店可以拟订一个“大客户拜访计划表”（如下表所示），以便更加准确地了解客户的相关信息。

大客户拜访计划表

<table>
<tr><td colspan="2">单位名称</td><td colspan="2"></td><td>编号</td><td colspan="2"></td></tr>
<tr><td colspan="2">填表日期</td><td colspan="2">年 月 日</td><td>单位性质</td><td colspan="2"></td></tr>
<tr><td colspan="2">经营范围</td><td colspan="2"></td><td>注册资本</td><td colspan="2"></td></tr>
<tr><td colspan="2">地址/邮编</td><td colspan="5"></td></tr>
<tr><td rowspan="3">法人代表</td><td>姓名</td><td></td><td>性别</td><td></td><td></td><td></td></tr>
<tr><td>电话</td><td></td><td>传真</td><td></td><td>爱好</td><td></td></tr>
<tr><td>其他</td><td colspan="5"></td></tr>
</table>

（续表）

业务负责人	姓名		性别		年龄		
	职务		爱好		手机		
	电话		传真		E-mail		
	其他						
使用车辆情况	品牌						
	购买日期						
	型号						
	数量						
购买产品情况	购买时期	购买渠道	型号	数量	是否有新购买计划		
拜访情况记录	沟通日期	参与人员	沟通结果	后续措施			

2. 初次拜访

通过电话进行初次拜访，并预约登门拜访的时间。通过电话交谈，即开始形成与客户的互动，双方彼此都有个初步了解。

第一次登门拜访，可以介绍公司概况；递交产品单页、型录、大致介绍产品；了解客户车辆保有情况；了解客户车辆采购方式和采购程序；了解客户车辆采购主管部门及负责人情况；了解客户近期车辆采购信息。

通过初次登门拜访，可以确定大客户购买意向级别。将客户按预计购买时间确定为A级、B级、C级，具体如下图所示。

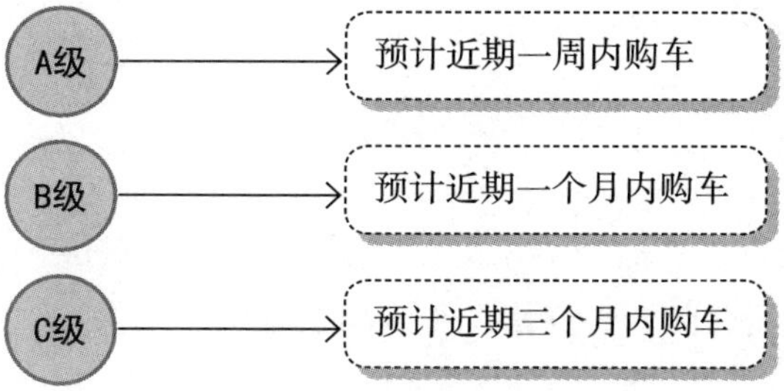

大客户购买意向级别

3. 再次拜访

通过初次登门拜访所了解到的客户意向级别，销售顾问要马上安排A级、B级客户的再次访问。A级在两天内访问；B级在一周内访问。此次拜访最好能约请该客户的主要负责人参加会谈。

（1）询问客户对公司产品的要求。

（2）询问客户对公司产品的商务条件。

（3）了解客户对其他品牌的关注程度和重视点。

（4）了解其他品牌对客户开出的商务条件。

（5）介绍公司产品的优势、竞争品牌的劣势。

（6）介绍公司的商务政策、维修服务、保修政策。

（7）预约客户对公司或产品进行参观，必要时邀请客户试乘试驾。

三、产品介绍

对于重要客户，最好能邀请到工厂参观，以增强客户的信心，加深与客户的感情。对于不同的大客户，采取不同的展示方式：

（1）由单位购车的，要有针对性地提供1～2台车送到该客户单位，向该客户采购部门和使用者介绍产品。

（2）属集团团购的，应提供尽量齐全的产品，以“车辆展示会”的方式进行展示。

当然，在必要时可以安排客户试乘试驾。通过试乘试驾，可以增强客户对公司产品的信心，也可留下客户宝贵的个人资料。

四、协商洽谈

1. 了解情况

汽车4S店在进行正式商务洽谈前，应了解大客户重视点、采购方式、采购程序和决策者、竞争品牌的销售策略，具体如下表所示。

正式商务洽谈前了解情况

序号	类别	具体说明
1	大客户重视点	（1）品牌：客户对某一品牌是情有独钟，还是在几个品牌中进行选择 （2）价格和配置量：公司产品的价格和配置、排量是否超出了客户的预算范围和限制条件。有些地区政府采购有严格的配置、排量和价格限制。在超标的情况下有无变通办法 （3）折让幅度：客户在心理上能接受的折让幅度是多少，追求折让幅度最大化的意图是什么 （4）产品性能参数：客户是否对产品的内部空间或油耗指标特别敏感 （5）服务：客户对产品的后续服务是否有顾虑 （6）关系：客户对介绍者的关系是否很重视 要摸清在以上各点中，客户最关注的是哪一点。在以上各点中，除品牌以外，大客户对折让幅度较敏感，而且会以某某品牌给我折让多少为由，来压低价格。在此情况下，要分析客户追求折让幅度最大化的意图是什么。一般有以下几种心理：成就感。采购者显示自己与众不同，一来显示自己有能力，二来为本单位节约一大笔费用，好为自己邀功。优越感。认为自己是大客户，当然与一般客户不同，理应受到优待
2	采购方式	（1）招标：分公开招标和邀请招标。政府采购中心或与政府有关的部门一般采取这种方式 （2）竞争性谈判（或单一来源采购）：企事业单位和部队、公检法系统、国税局一般采取这种方式
3	采购程序和决策者	（1）招标采购程序：招标采购又分资格招标和采购招标两个步骤 ——资格招标：一般政府部门先要对供应商进行资格认证，领取“入场券”，只有通过资格认证的供应商，才有资格进入采购竞标。有些采购人要求厂家直接参加资格招标，有些采购人允许厂家授权给当地某一经销商参加资格招标。操作程序如下：招标、投标、评标、中标通知、签订合同

（续表）

序号	类别	具体说明
3	采购程序和决策者	——采购招标：采购人在采购计划得到批准后，即进行采购招标。操作程序如下：编制预算、预算审批、车型选择、计划报批、招标、评标、中标通知、合同签订、购买 ——竞争性谈判（或单一来源）采购程序：编制预算、预算审批、车型区格选择、咨询、协商（谈判）、购买、合同签订、计划报批、品牌确定。有些集团采购方式是将两者相结合，即先进行竞争性谈判，谈定以后，通过招标程序走走过场 （2）集团采购决策者：金融系统一般为计划财务处（部）处长；部队、公检法、海关等系统一般为装备采购处（部）处长；企事业集团一般为总务处（部）处长或办公室主任，以及其上级车辆分管领导
4	竞争品牌的销售策略	（1）在交往过程中，要留意客户提及的竞争品牌。要通过各种渠道了解这些品牌对该客户的价格、折让、服务策略，以及与客户的关系、对客户其他方面的承诺等信息 （2）汽车4S店召集相关人员针对客户的采购方式、决策者的个性、竞争品牌的销售策略，拿出应对方案 （3）对于重要客户，汽车4S店要亲自出面，必要时，可邀请厂家派人一起洽谈

2. 洽谈前的准备

汽车4S店在洽谈前，需要准备的相关事项，具体如下图所示。

准备一	事前与客户承办人先行沟通，采取“换位思考”了解彼此立场，征求其建议并探询竞争者情况以预作应对
准备二	准备多套（2～4）策略方案，以备现场灵活运用，并设定谈判底线
准备三	准备充分的产品介绍资料与演示工具
准备四	确定出席的洽谈人员的功能角色，统一对外沟通窗口拟订洽谈策略与阶段进程，并事先做好内部沟通与推演
准备五	由相应领导担任出席领队，并引导洽谈的进行与控制
准备六	专业仪容与健全心理建设（诚心、真心、耐心）

洽谈前准备

3. 商务谈判

与客户协商谈判，要注意谈判技巧，由一人主谈，其他人员协助。对客户的指责（客户为了压价，一般会挑产品的毛病），不要从正面反驳，以免引起不快。最重要的是以诚相待，不能以欺骗的方式蒙骗客户。

在这个时候，客户最关注的是折让幅度。折让幅度不宜太大，如果太大，会有许多负面影响：影响本地区今后的价格走势；影响品牌；影响企业利润。重点要宣传我们的优势价值。如果有可能，最好采取变通的方式让利。当然，这要视当时当地的市场走势而定。

4. 客户异议处理

异议（或抗拒）的一般出现在销售阶段的中后期，也就是洽谈成交阶段，销售专员在对待客户异议的时候必须妥善处理。异议实际上都是客户信心不足的表现，有的是对销售顾问的，有的是对产品本身的，当异议出现的时候，表明客户在犹豫，他希望销售顾问能给他足够的理由支持他对销售顾问或者对产品的信任。一般常见的异议类型处理方法，具体如下表所示。

异议处理方法

序号	异议类型	处理方法
1	真实反应	（1）立刻处理：客户最关心的重要事项 （2）延后处理：无法立刻找到正确答案，已经超出了服务范畴，需要跟大客户部进行沟通才能确定（如供货信息、交车期、商品价格等）
2	敷衍借口	客户没有购买的诚意。销售顾问在判断准确后，应及时放弃，不要浪费过多的时间和精力
3	间接目的	客户以借口某种假象达成真正异议解决的有利环境。销售顾问应直接将对方的关注点（真正的异议）拿出来讨论。提出接近事实的问题，让对方无法说“不”。时时赞美客户，让客户产生满足感、成就感，减少异议

五、成交交车

汽车4S店销售顾问与客户交朋友，搞好双方的联谊活动；做好评委或决策者的公关，了解他们的需求特性，定制特别服务；对客户的暗示做出响应；对大客户的售后服务按VIP对待，使他们感觉受到公司的重视。

最后达成交易，即签订合同或订单，合同样本可以用自己的，也可以用对方的。政府采购合同一般是由对方提供的通用合同，如果没有原则问题，对合同条款不必太计较。如果未能成交，即要进行战败分析。

汽车4S店要优先保证大客户的资源供应，尤其在资源紧俏的时候。对集团第一个客户的交车要重视，不要让第一个客户有任何不满情绪，不然，会影响后续的订单。协助客户办理临牌、上牌等工作。对有影响的大客户、大项目，可以举行一个交车仪式，以扩大宣传效果。

六、后期跟踪

完成交车以后，汽车4S店在3天内要上门答谢客户，以表谢意，答谢方式根据客户的意愿而定，并相约上门培训的时间。对客户的承诺要兑现。在7天以内要上门访问，了解车辆使用情况，询问车辆的质量状况，对使用者进行使用、保养培训，上门首保。

汽车4S店应建立客户档案。平时加强联络。对于客户每月至少联络一次。节假日、生日发短信、贺卡问候。新车优先试乘。举行大客户联谊活动。

下面提供一份××汽车4S店大客户营销方案的范本，仅供参考。

【范本】××汽车4S店大客户营销方案

××汽车4S店大客户营销方案

一、活动简介

1. 活动背景

每年春节过后，各大政府部门都会开始新一轮的公务车采购，为新一年的工作做好后勤装备。××于××××年年底上市，其超强的性能，科学的配置在整个××市场上也赢得了一片叫好的声音，得到了很多用户的认可。

2. 活动目的

通过本次大客户活动中的产品推荐，新车试驾等，提升大客户对产品的认知度和好感度，增强品牌在客户心目中的影响力，为下一步的政府采购奠定基础。

二、活动概况

1. 主题

启动，向前的力量——××大客户品鉴会。

2. 时间

××××年××月××日（具体时间待定）。

3. 地点

××市××高尔夫（或××高尔夫）。

4. 人员

××省政府采购部领导。

5. 内容

产品推介+新车试驾。

三、活动准备

1. 人员邀约

（1）初步邀约。相关人员初步拟订省政府采购部人员名单。

（2）名单确认。总经理确认受邀约人员名单。

（3）邀约确认。确认人数并安排日程。

（4）发放邀请函。邀请函发至省政府采购办主要领导手中（邀请函上注明日程安排及活动细节）。

2. 车辆准备

（略）。

3. 试驾路线确定

（略）。

4. 茶歇准备

活动现场准备水果、糕点、饮料等茶歇，以供嘉宾取用。

5. 用餐准备

用餐安排在××市具有特色的餐厅，在位置的选择上考虑就近原则，离××高尔夫的距离不宜太远。

6. 礼品推荐

（略）。

7. 物料设计

（略）。

四、现场运营

1. 活动流程

活动流程，具体如下表所示。

活动流程

时间	项目	具体内容
09:00之前	活动准备	活动开始前对各个环节进行最后的检查，确保活动顺利进行
09:00～09:30	嘉宾签到、自由品鉴、高尔夫练习	受邀嘉宾签到，领取试驾证，并由礼仪人员引领至指定区域进行自由品鉴或高尔夫练习
09:30～09:35	主持人开场	主持人致开场辞，简单介绍活动的内容，并邀请总经理上台致辞
09:35～09:40	总经理致辞	总经理上台致辞，热烈欢迎现场的各位嘉宾
09:40～10:10	新车讲解	销售经理（或专业讲师）上台为嘉宾进行新车详细讲解，并回答嘉宾现场提问
10:10～10:20	试驾路线讲解	专业车手上台对本次活动的路线进行详细讲解，并强调试乘试驾的安全性
10:20～10:30	集体合影	主持人邀请现场人员进行集体合影，定格这一欢聚时刻
10:30～12:00	试乘试驾+高尔夫练习	现场根据嘉宾的试驾证号码，把嘉宾分为两组，一组试乘试驾，另一组现场进行高尔夫练习
12:00～12:10	休息整顿	试乘试驾结束后，主持人邀请全体人员进行短暂的休息整顿
12:10～13:30	午宴	所有嘉宾集体驱车前往××精心为嘉宾准备的午宴地，进行午宴
13:30～14:00	发放礼品	午宴结束后，所有嘉宾领取一份高档精美礼品
14:00	活动结束	嘉宾返程

2. 流程详解

（1）签到。嘉宾现场签到，领取试驾证，并由礼仪人员引领至指定区域进行自由品鉴或高尔夫练习。

（2）主持人开场。主持人上台致开场辞，介绍现场的领导及嘉宾、媒体，同时简述本场活动的主要内容。

（3）新车讲解。销售经理（或专业讲师）上台对新车进行讲解并现场解答客户疑问。

（4）试乘试驾。现场嘉宾根据试驾证号码，依次参与试乘试驾，真切感受××超强的性能和优异的动力。

（5）午宴。稍事休息后，嘉宾在工作人员的引领下，前往预定餐厅午宴，品尝特色名吃。

五、活动预算

（略）。

第八章 汽车4S店广告营销

章前导引

无论是物资匮乏的古代社会，还是在信息化高速发展的现代社会，在商品的售卖过程中，广告无处不在。随着经济全球化和市场经济的迅速发展，在汽车4S店营销战略中，广告营销活动发挥着越来越重要的作用，是汽车4S店营销组合中的一个重要组成部分。

第一节 广告营销认知

一、什么是广告营销

广告营销是指企业通过广告对产品展开宣传推广，促成消费者的直接购买，扩大产品的销售，提高企业的知名度、美誉度，以及影响力的活动。

广告是为了某种特定的需要，通过一定形式的媒体，公开而广泛地向公众传递信息的宣传手段。汽车4S店运用广告宣传，是提升来店/电量最有效、最普及的一种传播手段，可以有效提升汽车4S店曝光度。

不论是传统媒介，还是网络传播，带给人们的广告信息均为人们提供了非常方便的购物指南。在当前的时代，各种信息狂轰冲进人们的视线，信息停留在人脑海里的时间非常短暂，所以汽车企业应当积极寻找既有创意又有效果的广告，把握宣传效果，促进汽车销售。

二、汽车广告的形式

汽车广告的形式多种多样，一般主要依靠报纸、杂志、电视电影、广告牌、广播、互联网等媒介发布，这几种汽车广告形式又有各自的特点，具体如下表所示。

几种主要汽车广告形式的特点

序号	广告形式	特点
1	报纸、杂志	能够详细介绍车辆的油耗、发动机排量和相关配置，受众较广
2	电视电影	可以表现其与众不同的车型和动力性能，富有张力和说服力
3	广告牌	可以突出整车独有的高档商品非凡之气，建立和维持品牌知名度。包括候车亭广告、启页LED户外广告灯箱、高速路上的路边广告牌、霓虹灯广告牌、LED看板等
4	广播电台	制作中不需要较多的道具、设备，广告形式可以根据需要，随时做调整，灵活性较大，和听众互动性好，说服力比较强
5	互联网	具有传播快、受众广、持久，表现形式多样，可以非常详细地介绍汽车产品。包括PC互联网和移动互联网，如一些专业汽车网站、汽车手机APP、微博、博客、QQ、微信等

三、汽车广告的创意

广告是一种宣传的手段，也是一种让大众了解到企业的方式。广告创意的主要用途就是可以让人注意到广告的存在，并且留下深刻的印象。但是广告创意也必须要注意很多事项，这样才可以事半功倍。

1. 硬广告表现的要点

硬性广告是指在各大媒体上发布的宣传品牌、产品、服务及促销活动的纯广告，其要点如下图所示。

① 从标题看到利益 → 客户能从标题看到利益，或是惊人的、有新闻价值的事实，其才会想继续一探究竟

② 内文有可读性：用客户熟悉的语言，文字简洁、生动、表达清晰，令客户看后产生好感

③ 一看就懂：多数情况下，客户是被动接受广告信息的，因此越容易读懂也就越容易接受。如果文字逻辑复杂，让客户去猜测其中的深意，都可能是在浪费广告费

④ 合乎逻辑：广告内容或主题要合乎基本逻辑，否则会影响广告的说服力，甚至招致反感。有一句格言是“情理之中，意料之外”，意思就是广告创意要在合乎逻辑的基础上求创新

⑤ 诉求正确：只有正确的诉求才会改变人的态度，影响人的行为

硬广告表现要点

2. 软广告表现要点

软广告是指通过特定的概念诉求，以摆事实讲道理的方式使目标客户走进设定的“思维圈”，以强有力的有针对性的心理攻击迅速实现产品销售的文字模式。汽车4S店的软性广告主要是指关于产品、服务、活动等方面的报道文章。

（1）素材来源。

软广告素材来源主要包括三个方面：一是汽车4S店，如汽车4S店的日常工作及活动、汽车4S店的服务、汽车4S店的人物等；二是媒体，如突发事件、竞争对手状况等；三是汽车厂商，如汽车厂商下发的新闻稿、总部在全球的运作新闻等。

（2）素材搜集。

素材搜集可以通过汽车4S店市场部搜集，其他部门或员工协助搜集，对客户进行有奖征集。一般来说，汽车4S店软广告素材来源如下表所示。

汽车4S店软广告素材来源

序号	来源	具体说明
1	本店特色	企业文化、团队建设、所获荣誉
2	服务项目	延时服务、专业改装、救援服务、绿色通道、安全驾驶营、网上车市
3	人物介绍	老总语录、员工访谈、精彩故事
4	店头活动	店庆活动、看车团活动、赏车会、个性化车展、网上竞拍、特价车签售
5	突发事件	危机处理
6	汽车厂商新闻	产品上市、品牌文化、获奖通稿、技术成就、国际车展
7	其他	日常工作、客户表扬信

（3）素材提炼。

汽车媒体的两大主要任务是播报新闻信息和传播新颖思想，汽车4S店在提炼素材时，一定要迎合媒体的需求，力求素材的新闻性，即独特性、新颖性以及内容的思想性，这是提炼素材最核心的思想。具体而言，素材提炼应遵循“四化”原则，具体如下图所示。

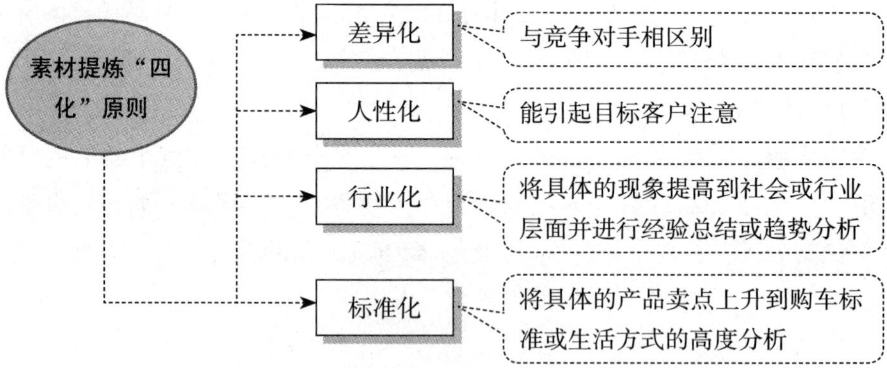

素材提炼“四化”原则

（4）软文写作。

软文写作主要包括标题和正文两个部门。

标题占软文价值的80%。就整篇软文广告而言，标题就像“脸面”一样，能否吸引客户的目光就全靠它了。标题主要包括四种类型，具体如下图所示。

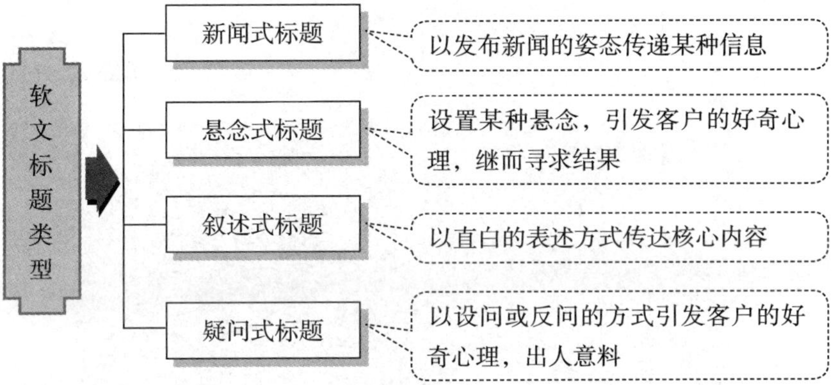

软文标题类型

正文是对诉求信息的深度剖析，或者是通过相关事件对客户进行引导，最终让客户采取实际行动。

相关链接

汽车广告创意举例

1. 路虎与蠢萌相关联的结果

荒郊野外没有限速，是否也得考虑一下兔吓的感受。耳朵都被你超速的车尾风吹得不美了。

2. 停车位无处不在

一张等比例的Smart贴纸，商场的橱窗、店铺的大门，只要能贴上的地方，就能有Smart的容身之地。

3. 个子小度量大

用漏斗猛揣的节奏，难道，不会把小小飞度撑死吗？

4. 你还想跳哪里去

MINI在你眼中是个什么角色，连广告牌都在上面不老实待着，活泼、调皮就是你眼中的MINI吧。

5. QQ与笑脸

这是一组QQ与笑脸的广告图，买辆物美价廉的QQ，找回你在拥挤的公共交通上丢失的笑脸。

第二节　广告营销模式

一、电台广告营销

电台广告是一种线形传播，听众无法回头思考、查询。因此应善于运用口语或者生动具体的广告词语来进行表述，不要过于烦琐，尽量少用重句，能够使听众一听就明白、一听就懂，这样才能产生绝佳的广告效果。

1. 电台广告的特点

一般电台广告的受众为本地或者周边地区的消费群体。电台广告主要具有下图所示的特点。

① 成本较低、效率较高、受众面广。一般可以通过热线点播、嘉宾对话、点歌台等形式来刺激听众参与，从而增强广告效果

② 传播手段受技术的限制，不具备资料性、可视性，表现手法单一

电台广告的特点

2. 电台广告的优势

电台广告的广告量虽然在总体广告中所占比例不大，但由于电台媒体所具有的独特优点，如可以边工作边收听、随时随地收听等，使其成为主流媒体广告的重要补充。

包括可口可乐在内的很多世界500强公司都有专门的电台媒体策划部门。为什么现在电台广播的效果越来越好了呢？原因如下。

（1）有车一族人群越来越多，电台是针对开车出行中的唯一有效媒体。

（2）手机已经非常普及，而且一般手机都自带收音机功能，收听还全免费。

（3）谈话类的互动节目很受人们欢迎，通过专家、嘉宾感性的描述和理性的分析，很容易使收听者产生信任感。

（4）电台广告相对于电视广告、户外广告、车身广告、网络广告等来说，其价格要相对较低。

3. 电台广告的目标人群

电台广告的目标人群如下表所示。

电台广告的目标人群

序号	类别	详细特点
1	大学生群体	他们有的是用手机在业余时间收听广播，有的是边上网边听广播，加上对谈话类、参与类节目比较感兴趣，是很好的电台宣传目标人群
2	有车一族	私家车进入家庭的速度越来越快，所以电台广告的受众会越来越多
3	保安及值勤类人员	他们工作性质较单调，又不得不坚守岗位，不能看电视及上网等，所以通过手机或者收音机收听电台便成了一种习惯
4	老年人	大部分老年人出来晨练时会收听电台广播

4. 电台广告制作方法

现在，许多电台都设有与汽车行业相关的栏目，如新车推荐之类的，有专门的记者负责汽车类活动策划等。电台广告一般都由专业的广告制作公司制作，汽车4S店可以选择资质较好的公司进行合作。

（1）确定广告词。

电台广告主要通过声音来传递信息，所以广告词要清楚、明白、易于理解和记忆，使消费者通过收听广告对产品的品牌、价格有一个详细的了解。创作电台广告时的注意事项如下表所示。

电台广告制作注意事项

序号	事项	具体说明
1	广告词简明易懂	尽量简短，多用短句，少用修饰语，注意口语化、地方化，最好能在广告一开始就切入产品的主题

（续表）

序号	事项	具体说明
2	播音速度适中	节奏太慢会显得拖沓沉闷，而节奏太快又会让听众难以听清楚或者听起来感到疲劳，所以，语速一定要适中，不能太快也不能太慢
3	重复朗读	反复朗诵广播广告中的某些词句，主要有两个作用，一是鼓动作用，二是加强记忆。特别是针对品牌的广告，只有反复进行诉求，才会增强听众的记忆
4	增强吸引力	电台广告的开头一定要有特色，必须一下子就能抓住听众的注意力

（2）协调背景音乐。

在电台广告中，背景音乐主要有三个作用：一是引起听众兴趣，避免广告太过平淡单调；二是营造气氛与情调，加深听众对产品的印象；三是突出广告主题，增强广告感染力。

（3）选择广告演员。

在电台广告的制作过程中，演员的选择同样是一个很重要的环节。像一般的陈述式、对话式广告往往都选择播音员来播读，但是由于听众对播音员的声音比较熟悉，很难产生新鲜感，尤其是有些情节性的广告需要各种不同角色的演员来扮演，如父亲、母亲、孩子等。因此，配音演员可从话剧演员、电影演员、配音演员中选择，以进一步增强电台广告的吸引力。

二、电视广告营销

电视广告是一种经由电视传播的广告形式，通常用来宣传商品、服务、组织、概念等。大部分的电视广告是由外面的广告公司制作，并且向电视台购买播放时数。

1. 电视广告的特点

电视广告具有下图所示的特点。

① 传播速度快，覆盖面广，表现形式丰富多彩，可声像、文字、色彩、动感并用，是一种感染力很强的广告形式

② 成本昂贵，制作起来费工费时，同时还受时间、播放频道等因素的限制和影响，信息只能被动地单向沟通。一般19：00～20：30被认为是广告的最佳时间，但是费用也相对更高

电视广告的特点

2. 注重电视广告创意

如今，各种电视广告让客户目不暇接，因此只有富有创意的广告才能吸引客户。那么，汽车4S店该如何提高自己的电视广告创意水平呢？这就需要汽车4S店从电视广告的社会大环境入手，站在消费者的角度去审视电视广告创意。

（1）考虑社会大环境，融合文化传统。

汽车4S店电视广告作为社会文化体系的一部分，就必须融合社会的特点，考虑公众的普遍心理，尊重不同的文化习俗。不同的国家传统文化与民族尊严都应该得到尊重，任何广告文化都受其民族传统文化、习俗与民族心理的影响。

（2）贴合品牌和产品特征。

一个好的电视广告创意必须有一份完善的广告策划案作为支持。电视广告作为产品宣传的一种方式，其目标是提高产品的销售量和公司的整体营销效果。

产品必须有独特的销售主张和明确的定位，才能在消费者心中占有一个独特的位置，才能加深消费者对产品的印象，引发消费者的购买欲望。

（3）优化和加强感官印象。

电视广告创意作品必须追求视觉形象的大众化，在色彩、构图、音乐等方面符合受众的审美需求。如针对年轻人的产品要突出活力和个性，在色彩方面要求亮丽点。创意的情感诉求也是很重要的一方面。

（4）善于利用代言。

利用名人代言是常见的广告方式，但是应该慎重选择代言的明星，尽量选择与品牌产品关联度高的代言人。

三、报纸广告营销

报纸广告是以文字和图画为主要载体来向客户传递企业和产品信息，它不像其他广告媒体如电视广告等受到时间的限制，报纸广告可以反复阅读且便于保存。

汽车4S店可以在报纸上购买版面来大张旗鼓地宣传自己，并在广告上注明联系电话、公司地址。

1. 报纸广告的形式

常见的报纸广告形式有以下几种，具体如下表所示。

报纸广告的形式

序号	形式	特点	备注
1	报花广告	广告版面很小，形式特殊，突出品牌或企业名称、电话、地址及企业赞助之类的内容	采用一种陈述性表述
2	报眼广告	报眼是指横排版报纸报头一侧的版面，它的版面面积不大，但位置十分显著、重要，容易引人注目	比其他版面广告更容易引起客户的关注
3	半通栏广告	广告版面较小，而且众多广告排列在一起，互相干扰，广告效果容易互相削弱	注意广告超凡脱俗、新颖独特
4	单通栏广告	最常见的一种版面，符合人们的正常视觉	版面自身有一定的说服力
5	双通栏广告	在版面面积上，它是单通栏广告的两倍。凡适合报纸广告的结构类型、表现形式和语言风格都可以在这里运用	
6	半版广告	半版、整版和跨版广告，均称为大版面广告	
7	整版广告	单版广告中最大的版面，给人以视野开阔、气势恢宏的感觉	
8	跨版广告	刊登在两个或两个以上的报纸版面上，一般有整版跨板、半版跨板、1/4版跨版等几种形式	

2. 报纸广告的特点

（1）报纸可以反复阅读，便于保存、剪贴和编辑。

（2）能给客户较充分的时间来接收信息，更容易给读者留下深刻的印象，且信息表达较为精确，成本也较低。

（3）报纸广告传播速度慢于电视、电台，传播范围也小于电视、电台，且受到受众的文化程度限制。

3. 适用范围

报纸广告要适合做特别活动等方面的广告，也可以登载一些优惠券，让读者剪下来凭券享受优惠服务。不过要注意登载的频率、版面、广告词，以及广告的大小、色彩等。

现在许多城市的晚报、商报等都市生活类报纸都设有汽车专版，汽车4S店可以选择合适的版面刊登广告。如下图所示。

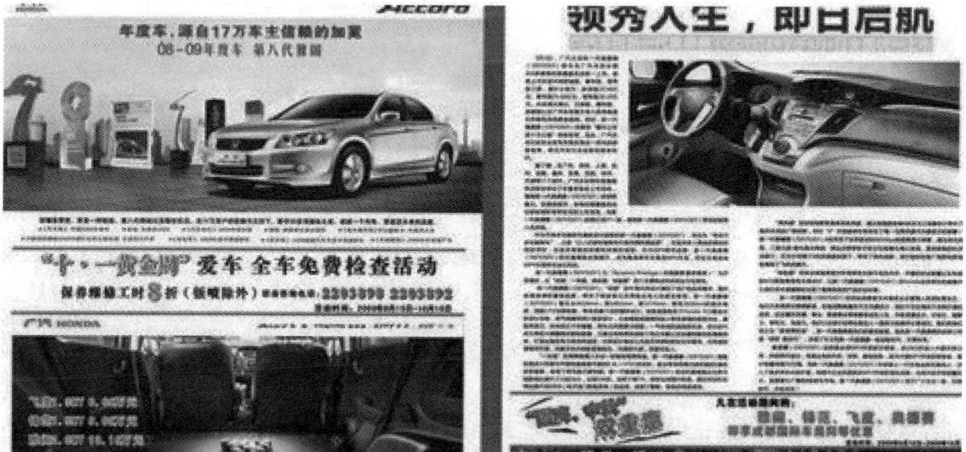
年度车，源自17万车主信赖的加冕
08-09年度车 第八代雅阁
爱车 全车免费检查活动

报纸广告截图

四、杂志广告营销

杂志可分为专业性杂志、行业性杂志、消费者杂志等。杂志广告具有以下特点。

（1）针对性强、专业性强，范围相对固定，即不同的人阅读不同的杂志，便于汽车4S店根据目标对象选择其常读的杂志投放广告。

（2）储存信息量大，图文并茂，专栏较多、较全，且纸张、印刷质量高，对消费者心理影响显著。

（3）出版周期长，适用于时效性不强的广告。

由于各类杂志的读者群体比较明确，因此汽车4S店可以有针对性地选择合适的杂志发布营销广告。

汽车行业杂志主要有《汽车之友》《车主之友》《轿车情报》《汽车导购》《中国汽车画报》《汽车杂志》等。

五、户外媒体广告营销

一般把设置在户外的广告叫作户外广告。常见的户外广告有路边广告牌、高立柱广告牌（俗称高炮）、灯箱和霓虹灯广告牌、LED看板等，现在甚至有升空气球、飞艇等先进的户外广告形式。

1. 户外广告的分类

（1）自设性户外广告。

以标牌、灯箱、霓虹灯单体字等为媒体形式，在本企业登记注册地址，利用自有或租赁的建筑物、构筑物等阵地设置的广告（含标志等）。

（2）经营性户外广告。

在城市道路、公路、铁路两侧以及城市轨道交通线路的地面部分、河湖管理范围、广场、建筑物、构筑物和交通工具上，以灯箱、霓虹灯、电子显示装置、展示牌等为载体设置的商业广告。

2. 户外广告的特征

（1）对地区和消费者的选择性强。一方面可以根据地区特点选择广告形式，如在商业街、广场、公园、交通工具上选择不同的广告表现形式；另一方面可向经常在此区域内活动的固定消费者进行反复宣传，增加其印象。

（2）利用消费者散步游览时在公共场合产生的空白心理。在这种时候，一些设计精美的广告、霓虹灯等常能给人留下非常深刻的印象，能引起较高的关注度，更易使其接受广告。

（3）具有一定的强迫诉求性质。即使匆匆赶路的消费者也可能因对广告的随意一瞥而留下一定的印象，并通过多次反复而加深印象。

（4）表现形式丰富多彩。特别是高空气球广告、灯箱广告的发展，使得户外广告逐渐取得了与市容浑然一体的广告效果，使消费者非常自然地接受广告。

（5）能避免其他竞争广告的干扰，而且广告费用较低。

（6）广告站牌大多数位置固定不动，覆盖面不会很大，宣传区域小。针对此特点，汽车4S店可将广告牌设立在人口密度大、流动性强的地方，比如机场、火车站、轮船码头等，大型连锁汽车4S店也可以做全国性广告。

（7）效果难以测评。户外广告的对象是在户外活动的人，具有流动的性质，接受率很难估计。

3. 公交车身广告营销

中国人口众多，这决定了公共交通的绝对重要性和未来发展程度。同时，也给公交车身广告的发展提供了巨大的空间。如下图所示。

公交车身广告的发布形式主要包括以下三种。

（1）双侧形式。一般位置在两侧车窗以下范围。

（2）半车形式。一般位置在车身两侧、车尾及车窗玻璃局部。

（3）全车形式。一般位置包括车身两侧、车尾及车窗玻璃局部、车顶及脊柱位置。

4. 地铁广告营销

随着中国城市规模的快速扩大，地铁网络得以迅速发展。地铁媒体在受众数量、受众质量以及媒体传播环境等衡量媒体价值的重要指标上得到有力提升，成为企业传达信息的有效媒介渠道。

（1）地铁广告的特点。

地铁广告的特点如下表所示。

地铁广告的特点

序号	特点	具体说明
1	关注度高	据统计，乘客在地铁站内的停留时间平均为30分钟，包括候车时间4分钟、乘车时间26分钟，在这段时间内，他们会比较关注地铁广告
2	投放灵活，创意多	突破常规的灯箱形式，多种媒体组合，创意空间无限
3	视觉效果好	洁净舒适、无干扰的媒体环境，体现高端品质形象
4	覆盖面广	每条地铁线均为城市公共交通网络的重要组成部分，每日为数以万计的市民出行提供方便
5	接触频次密	相对稳定的上下班及购物人流，每天多次重复接触广告

（2）地铁静态广告的发布位置。

地铁静态广告的主要发布位置如下表所示。

地铁静态广告的主要发布位置

序号	发布位置	具体说明
1	车厢内海报	在车厢内形成独特的广告环境，乘客在行程内全程接受广告信息
2	月台灯箱	位于地铁候车站台内，以高素质视觉效果展示信息，最适合发布新产品或树立品牌形象
3	通道海报	位于地铁站通道内，是乘客必经之路，与目标受众直接接触，最适合于产品短期营销

（续表）

序号	发布位置	具体说明
4	通道灯箱	位于地铁各站通道内，除具备海报优势外，其超薄的灯箱外形、高品位的媒体形象有助于提升品牌美誉度，有效提高过往乘客的消费欲望
5	通道灯箱长廊	分布在乘客最为集中的几条通道内，与目标客户有长时间的交流机会，使乘客过目不忘
6	月台灯箱长廊	最具创意性的轰动型媒体，创造独家展示的强势氛围
7	扶梯侧墙海报	位于电梯侧墙，直接面对出入口上下楼梯的乘客，价格便宜，是理想的营销媒体，整条扶梯可以展示一系列产品，或者以一式多样的广告画面营造强烈的视觉效果
8	大型墙贴	位于地铁最精华的站点，展示面积巨大，适合知名品牌维护与提升品牌形象，是新品上市营销的最佳选择
9	特殊位	位于地铁站出入口或者售票点上方，位置独特，面积庞大，非常醒目，适合品牌形象展示

（3）地铁视频广告。

地铁视频广告不仅包括各种静态宣传画，也包括动态视频广告。现在，地铁的站台与车厢内全都装有收视终端，编织成了一个庞大的播出网络，乘客无论身处何处都可以轻易收视，拥有其他媒体无法比拟的广告平台。

5. 电梯广告营销

电梯广告是户外广告的一种类型，因其针对性强、费用低，所以非常适合产品的宣传推广。它是镶嵌在城市小区住宅楼、商务楼、商住楼等电梯内特制镜框里的印刷品广告载体。

电梯广告是一种富有创意的非传统媒介，能直接有效地针对目标受众传达广告信息。据测算，凡居住或工作在高层住宅楼的用户，每人每天平均乘坐电梯五次，电梯广告至少有三次闯入他们的视线，这样的高接触频率使其具有更好的传播效果。

现代城市高楼林立，电梯楼也越来越多，在最有效又经济的前提下，从众多的楼房中选择出最有效的电梯作为推广场所也就显得尤为重要。

（1）选择的楼房应是入住率在80%以上的住宅楼或写字楼。

（2）根据当地电梯楼的数量、密度制订投放计划，一般情况下，应一次性覆盖2～3个区域、精选7～8部电梯实施投放。

（3）向该预选楼房电梯广告代理公司咨询广告投放的相关事宜。

（4）电梯广告因其针对性强，在操作时可考虑以新车发布为主。

6. 路牌广告营销

路牌广告是指在公路或交通要道两侧，利用喷绘或灯箱所发布的广告，它是户外广告的一种重要形式。如下图所示。

路牌广告截图

（1）路牌广告的特点。

路牌广告可以根据地区的特点选择合适的广告形式，可以对经常在附近活动的固定消费者进行反复宣传，使其印象深刻。

（2）路牌广告的分类。

路牌广告可分为平面广告和立体广告两大类。平面路牌广告包括招贴广告、海报、条幅等。立体广告则包括霓虹灯、广告柱及广告塔灯、灯箱广告等。

7. 候车亭广告营销

候车亭广告是指在公交车候车亭内建一长方体灯箱，在灯箱的正反两面添加画面，用以广告宣传，也称公交车站台灯箱广告。矗立于人流中转站的候车亭广告，能使人在等待中感受一种视觉上的愉悦，集观赏性、细读性于一体。同时候车亭提供夜间照明系统令画面更具视觉冲击力以最贴近的方式将品牌信息随时随地传递给消费者。如下图所示。

候车亭广告截图

候车亭广告营销具有如下特点：

（1）汽车候车亭广告的目标受众是准备购买汽车的消费者，它可以在适当的地点，恰当的时间，利用科学合理的点位组合，将广告发布的边际效果最大化。

（2）候车亭广告发布合同最短为两个星期，可以说是最能灵活配合广告主营销策略的媒体之一了。当汽车广告主欲向大众发布新车上市的信息，在候车亭上发布铺天盖地的广告就能在短时间内起到广而告之的作用，不但费用经济，而且效果十分显著。

（3）候车亭媒体是一种强制的，固定的媒体，每天24小时，一周7天反复地向目标消费者传递广告信息。

（4）由于汽车候车亭广告的受众是流动的人群，因此受众对该媒体具有一定的主动性。受众可以停下来看，在车上反复地看，等车时无聊看，或者对该广告感兴趣时再看。清晰、反复的信息传递就能够非常有效地从外部刺激消费者，驱动消费者心底的购买欲望，最终采取购买行动。

六、网络广告营销

网络广告一般是指在互联网上发布、传播的广告。它是互联网问世以来广告业务在计算机领域新的拓展，也是互联网作为网络媒体最先被开发的网络技术。

1. 网络广告的特点

网络广告具有下图所示的特点。

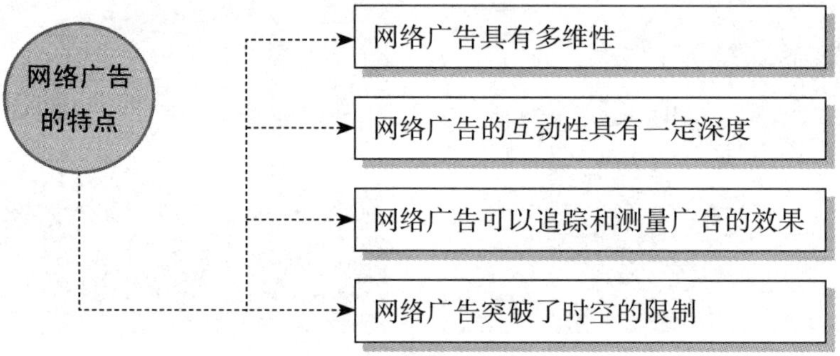

网络广告的特点

（1）网络广告载体基本上是多媒体和超文本文件格式，客户可以针对自己的兴趣爱好，了解特定广告更详细的信息，这样就能使消费者很好地体验产品、服务和品牌。换句话说，网络广告综合了声音、图像等众多形式，大大提高了网络广告的效果。

（2）网络广告的交互性很强。互动是网络媒体最大的优势，它有别于传统媒体的信息。用户可以通过直接在线广告的形式来填写并提交相关信息，厂商总是能得到有价值的信息，从而进一步减少用户和广告商的距离。

（3）通过监控广告点击率，广告商能查明有多少人看了广告，许多人感兴趣的广告是什么，从而进一步了解广告的详细信息。因此，相对于其他形式的广告，网络广告能更好地跟踪广告观众的反应，及时了解用户和潜在的用户。

（4）通过国际互联网，网络广告可以24小时不停地将信息传播到世界的每一个角落。

2. 网络广告的运作特点

网络广告的运作特点如下图所示。

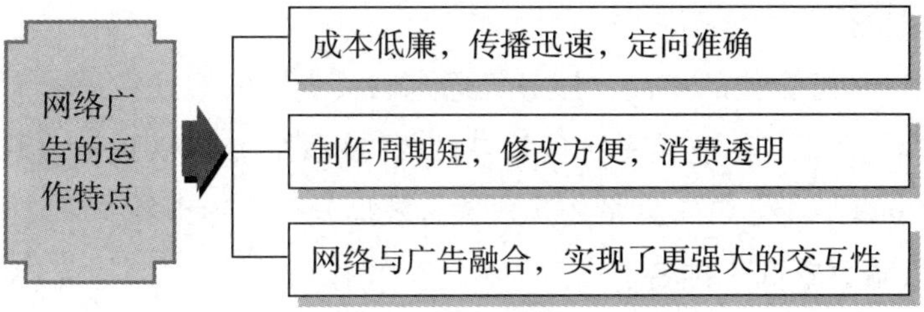

网络广告的运作特点

（1）网络广告的成本有千人印象成本CPM、每点击成本CPV、每行动成本CPA三种计算方式。它不需要大量的人力物力来宣传，而是充分利用互联网的广泛传播性，把目标准确地指向所属消费者。这是网络广告所拥有的基本优势。

（2）一个好的网络广告，需要一些专业的人员进行网页维护和修改。如果广告有不适合之处，技术维护人员可以在较短的时间内在网页后台直接修改并且快速发布。网站广告后台可以迅速统计出消费的人数、次数、金额数，使商家对销售情况了如指掌，便于长远投资。

（3）广告可以通过电邮方式直接投递到消费者的邮箱。消费者同样可以通过在线填写调查问卷或者参与一些营销活动，与商家所推出的广告形成互动模式，这便于产品接近消费群，使投资者快速了解消费者的情况。

3. 网络广告的宣传推广方法

互联网逐渐渗入各行各业，人们已经不再仅仅局限于利用互联网进行营销，而是充分地利用互联网进行企业和产品的宣传和推广。汽车行业同样也在积极地进行汽车网络宣传，汽车网络宣传和推广主要有六种方法，如下图所示。

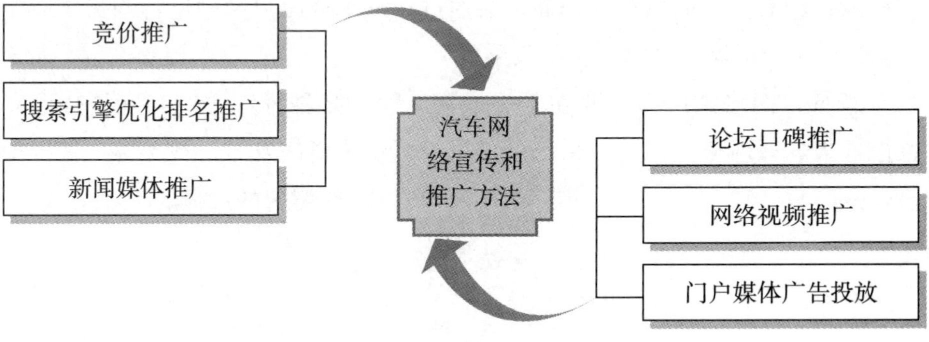

汽车网络宣传和推广方法

（1）竞价推广。

竞价推广是把企业的产品、服务等通过以关键词的形式在搜索引擎（百度、google）平台上做推广，它是一种按效果付费的新型而成熟的搜索引擎广告。用少量的投入就可以给企业带来大量的客户，有效提升企业销售额。

（2）搜索引擎优化排名推广。

搜索引擎优化排名通过在搜索引擎自然结果为网站导入高质量的流量，如果公司想长期进行网络营销宣传推广，搜索引擎优化排名是一个不错的选择。低成本、高回报的搜索引擎优化排名得到了大家的一致认可。

（3）新闻媒体推广。

新闻媒体推广是汽车行业常见的推广方式，操作起来也比较简单，通过借助网络大众媒体，以新闻报道的方式把汽车经销商广告信息传播出去，从而让更多的人来关注企业及其产品，继而达到推广的目的。新闻媒体推广可以快速地提升企业品牌形象。做新闻媒体推广的时候，可以从三方面考虑：一是网络大众媒体平台自身流量，二是平台搜索引擎表现，三是被转载的数量。

（4）论坛口碑推广。

汽车经销商利用论坛高人气网络交流平台，通过文字，图片、视频等方式发布企业的产品和服务的信息，从而让目标客户更加深刻地了解企业的产品和服务，最终达到企业品牌宣传、提高企业知名度的目的。

（5）网络视频推广。

通过制作一些视频短片，将这些视频短片发布到各大视频网站，达到帮助企业品牌及产品宣传的目的。

（6）门户媒体广告投放。

一般比较有实力的汽车经销商，会通过在汽车类门户网站进行购买相应广告位，来达到企业品牌及产品宣传的效果。

汽车行业网络推广，主要在于一个灵活性，多种推广方式相互结合更能保证推广效果。如新车上市，可采用论坛口碑、媒体新闻发布、视频推广等推广方式。在推广的时候，针对不同情况采用不同方法才是明智的选择。

第九章　汽车4S店跨界营销

章前导引

跨界营销，从趋势来看是一种不错的玩法，2016年也会越来越盛行，好的跨界不是一次合作，也不是简单的媒介组合，而是形成跨界生态。让原本毫不相干的元素相互渗透、相互融合，带来立体感和纵深感，从而产生新的亮点。

第一节　跨界营销认知

一、什么是跨界营销

所谓跨界营销，即某一品牌或某一产品在营销时借助其他非本行业品牌、产品或消费群体的影响力而实现销售的营销手段。

（1）跨界营销意味着需要打破传统的营销思维模式，避免单独作战，寻求非业内的合作伙伴，发挥不同类别品牌的协同效应。跨界营销的实质是实现多个品牌从不同角度诠释同一个用户特征。

（2）跨界营销策略中对于合作伙伴寻找的依据是用户体验的互补，而非简单的功能性互补。可以肯定，跨界营销和近年来逐渐盛行的以用户为中心的营销理念暗合，并非偶然。

（3）跨界营销面向的是相同或类似的消费群体，因此汽车4S店在实行跨界营销活动时，需要对目标消费群体做详细深入的市场调研，深入分析其消费习惯和品牌使用习惯，作为营销和传播工作的依据。

（4）跨界营销，对相互合作的企业而言，对营销能力的要求更高。以往企业的营销战略，只需要考虑如何使用好企业自身的资源，而由于联合，企业需要考虑如何通过战略上的修正，以及在与合作伙伴的互动中，获得资源利用上的协同效应。

二、跨界营销的意义

跨界营销需要界定的互补关系，不再是基于产品功能上的互补关系，而是基于用户体验的互补关系，在营销思维模式上实现了由产品中心向用户中心的转移，真正确保了用户为中心的营销理念。

跨界营销早已不是什么稀奇的事情，营销人士对于跨界营销的重视，已经远远超越了以往。越来越多的著名品牌开始借助跨界营销，寻求强强联合的品牌协同效应。

跨界的深层次原因在于，当一个文化符号还无法诠释一种生活方式或者再现一种综合消费体验时，就需要几种文化符号联合起来进行诠释和再现，而这些文化符号的载体，就是不同的品牌。

三、跨界营销兴起的原因

跨界营销兴起的原因，具体如下图所示。

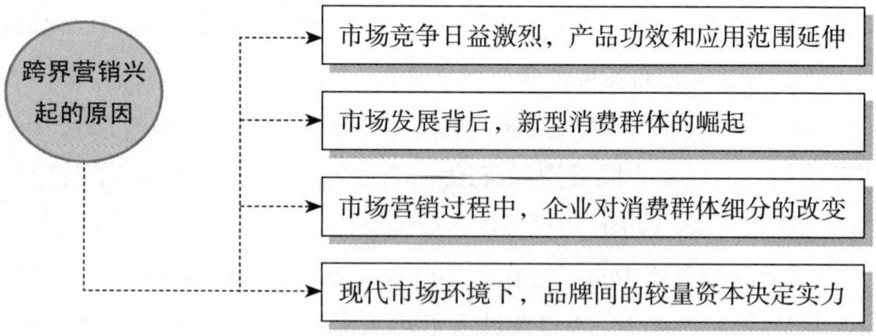

跨界营销兴起的原因

1. 市场竞争日益激烈，产品功效和应用范围延伸

各个行业间的界限正在逐步被打破，在一个大的概念范围内行业之间早已是

你中有我、我中有你。人们在很多的时候，已经难以分辨一款产品应该属于哪个行业，如康王洗发产品，当你认为它属于日化用品时，其实它从属药品行业。

2. 市场发展背后，新型消费群体的崛起

人们的消费需求已经扩散到越来越多的领域，对任何一款产品的需求不再仅要求满足功能上基本的需求，而是渴望体现一种生活方式或个人价值的体现或自身的品位，如购买宝马的消费群体，其购买的理由可能就是在于品位而已。

3. 市场营销过程中，企业对消费群体细分的改变

市场竞争的背后是产品的同质化、市场行为的模仿化和竞争的无序化等，迫使企业由过去关注企业更多地转向关注消费者，因此对于整体市场和消费者的细分方式走出传统的按年龄、收入或地域特征进行划分的营销行为，改变为按照生活方式、学历、教育程度、个人品位、身份等深层次更精准化的指标来定义和解释。

4. 现代市场环境下，品牌间的较量资本决定实力

一个企业、一个品牌、一个产品单打独斗的时代早已结束，任何一个优秀的品牌，由于特征的单一性，受外部性的影响多，尤其是当出现具有替代性的竞争品牌，其影响更大，企业所付出的成本也将大幅增加。

四、跨界营销遵循的原则

汽车4S店在实施跨界营销时，需要遵循下图所示的原则。

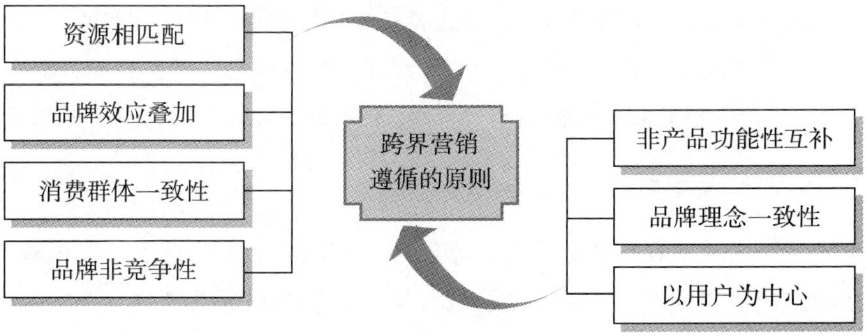

跨界营销遵循的原则

1. 资源相匹配

资源相匹配是指两个不同品牌的企业在进行跨界营销时，其在品牌、实力、营销思路和能力、企业战略、消费群体、市场地位等方面应有的共性和对等性。只有具备这种共性和对等性，跨界营销才能发挥协同效应，如同李光斗曾说“跨界营销最主要要像婚姻一样要门当户对，寻求强强联合，这样才能使跨界营销1+1>2获得双赢，否则会给双方带来无尽的痛苦”。

2. 品牌效应叠加

品牌效应叠加指两个品牌在优劣势上进行相互补充，将各自已经确立的市场人气和品牌内涵互相转移到对方品牌身上或者传播效应互相累加，从而丰富品牌的内涵和提升品牌的整体影响力。

对于任何一个品牌来讲，其都诠释着一种文化或者一种方式、理念，是目标消费群体个性体现的一个组成部分，不过这种特征单一，由于竞争品牌和外界因素的干扰，品牌对于文化或方式、理念的诠释效果就会减弱。然而，通过跨界营销就可以避免这个问题，如“英雄配好剑”的道理一样，如果将“英雄”和“好剑”视为两个不同的品牌，那么“英雄”只有配上“好剑”才能体现“英雄”的英武，而“好剑”只有被“英雄”所用，“好剑”的威力才能得以淋漓尽致的发挥，两者的相互互补才能互相衬托，相得益彰，发挥各自的效果。反之，则不会起到这样的效果，只是在浪费各自的价值。

3. 消费群体一致性

每个品牌都有一定的消费群体，每个品牌都在准确地定位目标消费群体的特征。作为跨界营销的实施品牌或合作企业，由于所处行业、品牌、产品的不同，要想跨界营销得以实施，就要求双方企业或者品牌必须具备一致或者重复消费群体。

比如，著名汽车品牌东风雪铁龙C2与意大利知名时尚运动品牌Kappa的合作，就是基于C2这个品牌本来是象征一种时尚，或者是比较活跃、前卫的一种生活方式。

4. 品牌非竞争性

跨界营销的目的在于通过合作，丰富各自产品或品牌的内涵，实现双方在品牌或在产品销售上的提升，达到双赢的结果，即参与跨界营销的企业或品牌应是互惠互利、互相借势增长的共生关系而不是此消彼长的竞争关系。因此，这就需要进行合作的企业在品牌上不具备竞争性，只有具备不竞争性，不同企业才有合作的可能，否则跨界营销就成为行业联盟了。

5. 非产品功能性互补

非产品功能互补指进行跨界相互合作的企业，在产品属性上两者要具备相对独立性，合作不是对各自产品在功能上进行相互的补充，如相机和胶卷、复印机与耗材，而是产品本身能够相互独立存在，各取所需，是基于一种共性和共同的特质，如基于产品本身以外的互补如渠道、品牌内涵、产品人气或消费群体。

6. 品牌理念一致性

品牌作为一种文化的载体，其代表特定的消费群体，体现着消费群体的文化等诸多方面的特征。品牌理念的一致性指双方的品牌在内涵上有着一致或者相似的诉求点或代表有相同的消费群体、特征，只有品牌理念保持一致性，才能在跨界营销的实施过程中产生由A品牌联想到B品牌的作用，实现两个品牌的相关联或者在两个品牌之间在特定的时候画上等号。

7. 以用户为中心

如今，企业的一切营销行为都从过去围绕企业和产品为中心向以消费者为中心的转变，从过去关注自身向关注消费者转移。解决销售只是一种手段，关注消费者需求，提供消费者所需才是企业真正的目的，企业更多地强调消费者的体验和感受，因此对于跨界营销来讲只有将所有的工作基于此点上才会发挥其作用。

相关链接

车企跨界营销如何跨界不出界

所谓跨界营销简单来说就是将不同的元素相互渗透和融合，给品牌一种立体感和纵深感。这既是一种功能上的互补，也是用户体验上的互补。而这种互补在汽车上体现得更为彻底。对于汽车企业来说，跨界营销已经成了最常用，也最热衷用的工具之一，从豪华品牌奔驰、宝马、奥迪、沃尔沃到大众品牌北京现代、东风标致、上汽通用等几乎每一个车企都做了非常多的跨界营销。随着人们对环保健康重视程度的日益提高，与体育赛事相结合的跨界营销更是成为各大车企争相参与的“宠儿”。那么，跨界营销究竟该怎么玩？又如何评判跨界营销的效果呢？

首先，要选择气质相投的合作对象

英菲尼迪和《爸爸去哪儿》的合作大获成功，关键因素之一就是英菲尼迪JX所倡导的理念——“给自己和爱的他们，多一点时间与空间”与《爸爸去哪儿》所倡导的父子之爱、家庭之爱相契合，更与英菲尼迪“敢·爱”的品牌概念完美融合。

再如，沃尔沃举行的招募车主参加哥德堡马拉松比赛活动，就是因为马拉松所倡导的环保健康的理念和沃尔沃所倡导的尊重生命、亲近自然、热爱生活的品牌理念是一致的。而且，此次马拉松比赛的地点在瑞典的哥德堡，选手可以实地感受到北欧人不焦虑、健康、积极向上的生活观，还可以实地感受沃尔沃一直所宣传的北欧的空气质量。

东风日产曾在《我是歌手》中植入天籁·公爵以及新奇骏两款车型，但由于车型的品牌特点和栏目的特质并不相符合，最终并没有引起观众的共鸣，很多消费者都不知道东风日产也是《我是歌手》的赞助方。

跨界营销需要的是品牌之间的契合与消费者的共鸣，如果为了跨界而跨界，最终就只会造成双方都“出界”，达不到想要的效果。

其次，要强调消费者参与

跨界营销的本质是消费者参与的内容营销，故事的主角是“观众”，他们参与故事，而不是只看热闹，这也是众多车企热衷于体育类营销的原因之一。但也有不少车企把跨界营销做成了一场秀，仅仅是在社交媒体上自娱自乐，而忽略了消费者的参与度，这样的营销就只能叫作烧钱。

作为跨界营销的高手之一，沃尔沃就特别强调消费者的参与度，经典的案例如沃尔沃和本来生活网联合发起的抢夺北欧生鲜优享包、寻找“北欧空气”活动及近日举行的沃尔沃车主参与哥德堡马拉松比赛活动，沃尔沃都高度强调消费者的直接参与，只有消费者的亲身参与，才能把车企想传递的品牌理念传递给更多人。

沃尔沃车主在哥德堡参加马拉松比赛，亲身体验到了沃尔沃所宣传的“北欧的空气”，感受到沃尔沃向中国消费者传递的环保、健康的北欧生活方式，对沃尔沃的品牌理念就会理解得更加透彻，沃尔沃的品牌理念也会更加深入人心。

最后，要把握恰到好处的跨界引爆点

随着《穹顶之下》的热议、热播，环保健康的生活方式也成为公众最为关心的热点话题之一。沃尔沃借势招募车主参加倡导环保健康出行方式的马拉松比赛，就必然会受到车主的热烈响应。在消费者心目中，沃尔沃也因此成了环保、健康生活方式的代名词，沃尔沃“开门是北京，关门是北欧”的在业内堪称标杆的车内空气质量标准也必然会得到更多消费者的认可，从而影响消费者的选择。

所以，车企做跨界营销，也必须讲究天时地利人和，不能为了跨界而跨界，自娱自乐。以用户为中心、恰到好处，不出界，才可能事半功倍，获得较大的回报。

第二节 跨界营销方式

一、与房地产商合作

汽车4S店选择和房地产商进行合作，可引起双方在产品上的互补性。首先，买车和买房的客户群有很大一部分是交叉的，双方可以说是面向同类型消费者。其次，在选择合作对象时，也分析了对方的房地产项目距离市区有一段距离，因此购买汽车作为代步工具成为该社区业主的现实需求。

不过，由于双方往往处于不同行业，有时会出现产品特点或品牌方面的不相容甚至冲突。因此，汽车4S店在选择合作房地产商时，一定要注意档次的一致性。

例如，如果汽车4S店的产品是中低端小车，选择了中高端的房地产商，效果就不会很好。如果汽车4S店是中高级车，选择了中低端的房地产商，效果当然也不会很好。

营销伙伴在品牌或产品方面都不相配，不仅达不到营销效果，还会存在损害汽车品牌的风险。

与房地产商合作截图

·········› 相关链接

轩和·澜山观邸联合川达汽车4S店举行异业联盟活动

2015年7月16日上午，位于辽宁朝阳河东的高端住宅项目轩和·澜山观邸联合川达4S店的奥迪车主，售楼处与4S店联合举办了一次异业联盟活动，并到采摘基地进行了水果采摘，让车主朋友充分享受到了有房有车的生活。

一大早各位奥迪车主便在川达4S店集合，共同前往采摘园进行现场采摘水果及品尝，随后车队前往轩和·澜山观邸售楼处，澜山观邸给大家准备了精致的冷餐及舒适凉爽的环境，每位车主都表示澜山观邸项目做的很贴心。在售楼处，川达4S店的工作人员给大家讲解了汽车的保养知识，轩和·澜山观邸的置业顾问给大家介绍了项目的具体信息，很多车主朋友都是第一次详细了解轩和·澜山观邸项目，在沙盘前很多车主都表现出了极高的兴趣，对于澜山观邸的高端品质及周到的细节服务都非常认可，同时也有很多车主考虑购买澜山观邸。

二、与体育界的合作

汽车和体育运动之间的合作，除了最初的赞助比赛和冠名，很多汽车企业开始致力于举办自己的高尔夫球比赛，借此维护良好的客户关系和提高口碑，可谓是一举多得。当然，对于国际大型体育活动，一般是由汽车企业来组织策划，汽车4S店主攻市场则是本地区的各种体育活动。

相关链接

汽车+体育，绝配！

这边欧洲杯、NBA总决赛和美洲杯激战正酣，那边里约热内卢奥运会也已经蓄势待发，2016年夏天绝对是各路体育爱好者的盛会。而对于一向热衷于各种“刷脸”的车企来说，这个夏天自然是不可多得的良机。

没错，很多车企都喜欢在体育盛会上大秀存在感。或现身场馆充当背景，或赞助夺冠热门和超级巨星……富有激情的汽车似乎天然就是体育的好朋友。而各大汽车厂家也看穿了这一切，早已在赛场内外争得不可开交。

据IEG Sponsorship Report的一份报告显示：在最活跃体育赞助排行榜中，车企已经成为第四大体育赞助源，仅次于体育用品、啤酒等快销品。

1. 神预测的奥迪在欧冠

提到奥迪，关注欧洲足球的球迷朋友一定不会陌生。从2011年起，欧洲冠军联赛冠军就被皇家马德里、巴塞罗那、拜仁慕尼黑和切尔西等四大豪门球队承包，而他们的汽车赞助则无一例外地被奥迪承包了。从开赛前、中场休息再到完赛后，球迷们总能看到四环标志的身影。

在2005年后，随着欧冠转播范围的扩大，财大气粗的奥迪开始成为不少豪绿茵豪门的赞助商。其中，皇马、拜仁和巴萨基本成为人们公认的国际足坛顶级水平。据外媒报道，“萨其马”（球迷对巴萨、拜仁、皇马阵营的戏称）每年从奥迪得到的赞助费不低于千万欧元。

除了真金白银的大手笔赞助，奥迪还为冠军们奉上了赠车的奖励。每年“萨其马”球员们在赞助仪式上的选车过程也让球迷津津乐道。比如，为人低调的梅西选择了奥迪A7，而一直以炫酷形象示人的C罗则对奥迪R8青睐有加。

与欧洲杯和奥运会等赛事不同，欧冠是每个赛季都会呈现在球迷眼前的常规赛事。相较于4年一次的曝光率，想必奥迪更看重频繁连续的曝光效果。除此之外，奥迪也更乐于通过“高大上”的豪门俱乐部与球迷进行互动：2015年，一汽大众奥迪力邀拜仁慕尼黑来华，使中国球迷有机会与心中偶像近距离接触。在拉近了与球迷、车主距离的同时，奥迪那“尊贵动感进取”的品牌价值也得到了更广泛的认可。

2. 现代狂砸欧洲杯

作为常常凭借娱乐明星“抢头条”的汽车品牌，现代同样善于通过体育赛事来发展自己的国际地位。例如，被视为“世界第一运动盛会”的世界杯，现代连续多届成为世界杯官方合作伙伴。估计球迷们都还记得，2010年南非世界杯，朝鲜男足坐在现代牌大巴上一脸懵圈的表情。

在这个令无数球迷血脉贲张的盛夏，现代延续了它在世界杯上的策略，一举拿下了2016年欧洲杯的官方赞助。无论是欧洲各大城市的热门商场，还是在球迷热情不减的中国，现代动作频频，精心布置了桌上足球对战区、FIFA电子竞技对战区、现代产品体验区等备受青睐的体验环节，不仅使体验者在面对面切磋中收获亲情、友情的快乐，同时也让旗下主力产品得到持续曝光。

如果说“GO!T动欧洲杯”等一系列线下活动还只是属于推广预热的话，那么随着欧洲杯的正式开打，现代应该还会打出更多的“组合拳”。

3. 日产借体育加速品牌年轻化

说到体育营销，今年动作最大的车企，非日产莫属。继成为欧洲冠军联赛的官方赞助商后，日产再次一掷千金，成为2016里约热内卢奥运会的一级合作伙伴。

据悉，日产投标的价值远远超过了里约2016奥运对汽车类赞助商的要求，合约价值可能高达2.5亿美元。里约2016奥组委相关负责人表示，“经过六个月的多方谈判，日产提出了确保产品、服务和金融支持的一致性的建议，证明了日产公司是里约奥运理想的汽车合作伙伴”。

协议规定，日产公司保证在奥运会期间提供4500辆汽车给运动员、教练员、媒体、运营团队、国家奥委会、国际单项体育协会、国际奥委会以及商业合作伙伴使用。值得一提的是，奥运车队将优先使用清洁能源动力汽车，以支持里约奥运可持续性目标的实现。

和单独赞助某支球队相比，赞助赛事似乎能避免球队战绩不佳带来的隐患。当然，价码也要高得多。在身为体育迷的小编看来，日产之所以钟情大型体育赛事，接连祭出大手笔赞助，是为了推动其日益年轻化的品牌形象，而这一点在中国市场上尤为明显。

通过上面三个例子不难发现，车企往往会根据自己的品牌定位目标人群，选择不同的赛事或球队进行赞助。

也许很难量化体育赞助究竟能为这些车企带来多少回报，但这么多车企不约而同地选择赞助体育，一定不会是巧合。当然啦，体育赞助绝不能盲目跟风，而应是品牌组合营销的重要环节。

有人说，现在年轻人不太健康的生活方式，亟须阳光健康的体育运动前来解救。而在观看比赛的时候，人们更享受的是运动健儿们带来的激情，这恰好就是车企们孜孜以求的“年轻化”吧！汽车与体育原来有如此高的形象契合点，属于体育的夏天将至，汽车营销准备好了吗？

三、与零售行业协助

汽车4S店可以选择与本品牌相匹配的大型商场、超市实施跨界营销。如将车放在商场、超市展示，从而提高其认知度。

相关链接

广汽菲克携手国美异业合作，五一欢乐购

2015年4月23日，广汽菲亚特克莱斯勒集团与国美电器跨界合作仪式在成都国美万年场店隆重举行，双方正式宣布展开异业联盟合作模式，并联合开启“菲常完美”五一欢乐购活动。

活动现场，广汽菲亚特克莱斯勒副总经理李进针对此次合作表示，广汽菲亚特克莱斯勒集团联手国美电器展开跨行业营销合作，希望让更多消费者通过国美电器的平台了解菲亚特，感受到原汁原味的意式造车精髓及汽车文化。双方合作所降低的成本，也会最大程度地反馈给消费者，真正做到让利于民。

作为意大利汽车工业的代表，菲亚特传承了百年造车工艺和意式美学设计，创造出众多脍炙人口、享誉世界的产品，旗下车型曾9次荣膺汽车界最高荣誉的“欧洲年度车型”大奖。2014年，菲亚特集团完成了与克莱斯勒集团的合并收购，成为世界第七大汽车集团。现旗下拥有菲亚特、克莱斯勒、法拉利、玛莎拉蒂、Jeep等16个品牌，全球影响力与日俱增。

此次跨界合作可谓两大品牌强强联手，广汽菲克是菲亚特克莱斯勒集团在中国的承载者，而国美电器是中国最大的以家电及消费电子产品零售为主的全国性连锁企业，双方将在实现资源互利互惠的基础上，全面提升各自品牌影响力，开拓共赢新局面。

2015年4月25～26日、5月1～3日、5月9～10日，广汽菲亚特克莱斯勒集团将在国美卖场外展出旗下国产明星车型——意式格调动感轿车Viaggio菲翔与意式型动掀背轿车Ottimo致悦，现场观众可以近距离感受到意式品质车型的独特魅力。

此外，4月20日至5月11日活动期间，“菲常完美”五一欢乐购活动将有四重购物“壕”礼奉献给广大消费者。

一重大礼：无须购物免费赢菲翔及致悦

4月25日至5月4日期间，凡进入国美（万年场店）的顾客，无须购物即可免费参与抽奖活动，既有机会赢取意式致悦一辆。同时，5月1～11日期间，顾客前往国美全川所有门店无须购物，还可免费抽取价值138800元的菲亚特Viaggio菲翔一辆。

二重大礼：优惠购车再享千元油卡

活动期间，凡在国美电器消费即可参加5月9日广汽菲克4S店专场团购会，享受购车团购优惠，购电器的用户购车更可获赠1000元油卡一张。

三重大礼：购车再享国美8折优惠

凡在活动期间购买广汽菲克产品的车主可于5月10日前往国美电器天府立交店，参加购物专场活动，可享8折优惠。

四重大礼：轻松购车尊享0息贷款

为了让喜爱菲翔、致悦的消费者轻松购买意式精品车型，在2015年4月20日至5月11日活动期间购车，还可尊享金融0息贷款政策。

四、影视界的植入式营销

将汽车产品或品牌融入电影，通过各种场景，让观众在不知不觉中留下对汽车产品及品牌的印象，从而达到营销产品目的的方式称之为植入式营销。

汽车影视植入营销模式有以下三种：

（1）汽车品牌在电影中简单出镜。

汽车公司作为电影的赞助商简单让产品在荧幕出镜，比如《非诚勿扰》中的斯巴鲁。

（2）汽车品牌与电影人物相匹配。

注重汽车品牌与电影人物气质的匹配，由此为汽车品牌注入更多的内涵，比如《皇家赌场》中的阿斯顿马丁。

（3）汽车品牌作为电影中的“主角”。

出现以汽车为主题的电影，汽车担任主角，比如《变形金刚》与《极速60秒》。

其实电影营销早已不是新鲜事儿了，电影营销不仅能够起到比广告更深入人心的宣传作用，还能在观众心目中为品牌形象做定义。

比如，《美国队长3》这种英雄电影，能够把奥迪强而有力又充满正义感的形象植入消费者心中。

……›相关链接

一汽奔腾《港囧》电影合作

2015年9月20日一汽奔腾2016款全新奔腾B70上市，为获得更多年轻人群的关注，提升新车上市影响力，奔腾与港囧片方达成合作，获得与港囧影片关联性传播权益。通过借势《港囧》影片和徐峥等明星影响力，打造全新娱乐营销模式。

预热期：通过奔腾B70产品和港囧预告片混剪视频预热，并在主流媒体传播；

上市期：通过新车上市发布会捆绑港囧首映礼的形式，邀请媒体、KOL、潜在车主参与并全程直播，外围通过主流门户、视频、垂直媒体扩散；并在925港囧上映期联合大众点评推出抢票活动，强化了奔腾B70的产品印象；

延续期：通过组织六省市包场邀请试驾用户、KOL、媒体观影的形式释放终端影响，获得持续关注。

整个传播周期内，奔腾品牌、奔腾B70获得了极高关注，消费者提及奔腾B70超过82万次，百度指数峰值达到29810，是近三年来之最，搜集消费线索8685条。

第二部分

02

PART TWO

汽车4S店活动策划

第一章　汽车4S店节日促销活动策划

章前导引

节假日期间如何才能吸引消费者有限的注意力，做大做活节假日市场，已成为汽车销售任务的重中之重。汽车4S店如果能够真正地把握节假日消费市场的热点和需求变化趋势，做出符合目标市场的策划方案，必能获得可观的回报。

第一节　节日促销认知

一、什么是节日促销

节假日营销是非常时期的营销活动，是有别于常规性营销的特殊活动，它往往呈现出集中性、突发性、反常性和规模性的特点。

（1）假日促销与一般的促销意义不同，假日受传统文化的影响较大，所以更需注意假日的各种风俗、礼仪、习惯等民族特点。

（2）假日促销是汽车销售的重头戏，也是促销活动发挥的关键时刻，在一般性的促销任务上，着实需要对促销管理、促销执行、促销反馈等管理上有新的突破。

（3）在众多汽车促销手段中，要细心挑选与品味假日促销的含义，而有些汽车4S店促销是有目的的，有些是为了营造气氛。

跟踪与反馈假日促销的由头与目标是假日促销的最初要点，也是促销的基本保证，为了假日而促销的促销，效果可能只是一种附加的广告效果，甚至更差或者起到反面的展示作用。因此，在假日促销的关口，理性促销与细心促销成为抓住顾客的关键。

二、365节日循环图

每年的365天的节日是一样的，通过下图所示的365节日循环图，可以看到每个季节主要的节日。

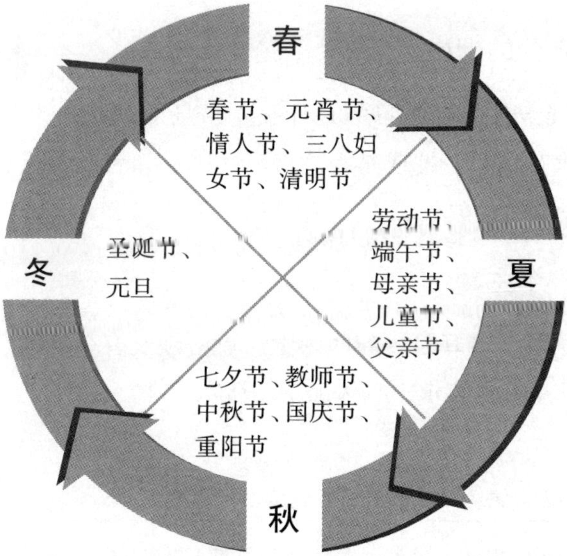

365节日循环图

三、节日促销的原则

中秋、国庆刚刚结束，不久又将迎来平安夜、圣诞节、元旦，以及最重要的春节，这一个又一个节日的到来，也成为商家们做促销的好时间，然而如果想要假日促销做得好，还得掌握一定的原则，具体如下图所示。

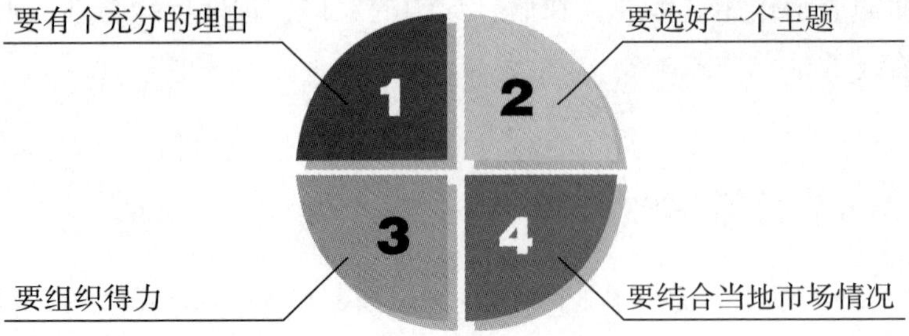

节日促销的原则

1. 要有个充分的理由

汽车4S店开展节日促销的目的是什么？市场的现状又是怎样的？是新车上市？还是要提高汽车销量？抑或是提高汽车品牌的知名度？只有活动目的明确，理由充分，才能做到有的放矢。

2. 要选好一个主题

促销活动要给消费者耳目一新的感觉，就必须要有个好的活动主题。节日的促销主题设计有几个基本要求，具体如下图所示。

要求一	要有冲击力，让消费者看到后记忆深刻
要求二	有吸引力或者令人产生兴趣，例如，很多厂家用悬念主题吸引消费者继续探究
要求三	主题词要简短、易记，长达十几个字或者更多字的主题，谁也没有精力理睬

促销主题设计的要求

不同的节日，汽车4S店所做的促销活动主题都有所不同。

比如三八妇女节，促销的主题可以是以女性为主，主推一些适合女性的车型。

选择什么样的促销主题，汽车4S店首先要考虑到活动的目标、竞争条件、环境及促销的费用预算和分配。而且最重要的一点是，在确定主题后，淡化促销的目的，使活动更接近消费者，才能更打动消费者。

3. 要组织得力

节日促销的环境嘈杂，人多，因此组织实施更要有力。搞好节日促销，要事先准备充分，把各种因素考虑到，尤其是促销终端人员，必须经过培训指导，否则会引起消费者不满，活动效果将会大打折扣。

4. 要结合当地市场情况

理性预测和控制投入产出比，切不可盲目跟随，挥金如土；突出自己的优势和卖点；事实上，节日促销活动的计划，要因“己”制宜，这样才能取得好的效果。

很多商家是看到别的品牌在促销，自己也促销，这样被动的促销，并不能够保证生意的火爆进行，往往还会带来亏损。如果想要促销生意做得好，只有把握了这些原则，才能达到促销的目的。

第二节　节日促销活动策划要点

一、市场调查分析

通过市调调查，初步确定活动的主题、内容、时间和地点，具体要求如下图所示。

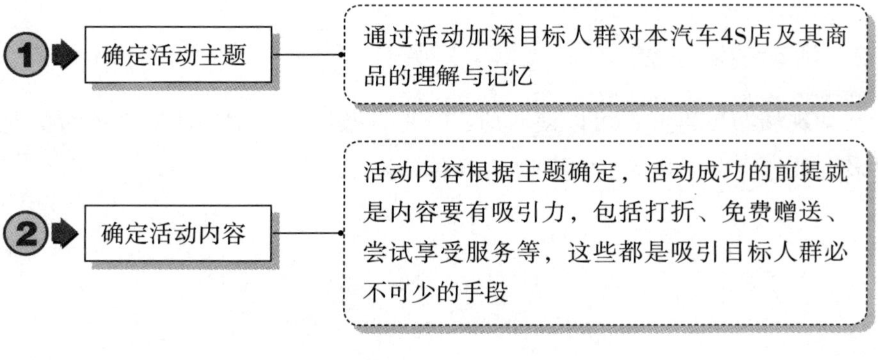

③ 确定活动时间 —— 根据经验，大型活动选择公众节假日（如五一、十一、春节）举行，效果最好

④ 确定活动地点 —— 一般定在本汽车4S店卖场外的广场或周边社区内，注意现场要有足够的活动空间

市场调查分析的要求

二、出台活动方案

根据调查分析策划活动方案进行投入产出分析，做好活动预算。

1. 活动前信息发布

（1）报纸。一般许多都市报之类的报纸都会有汽车专版，因此，可以选择在专版板块刊发信息。

（2）电视。电视广告以滚动字幕或尾板方式配合，内容以介绍活动为主，辅以汽车4S店介绍或简单的商品介绍等内容。

（3）电台。电台没有电视直观，更没有报纸拿在手中长时间翻阅的优势。用电台传播信息一定要反复强调具有吸引力的内容及活动的时间地点。几乎每个大中城市都有交通频道，这是汽车4S店做电台宣传的重要阵营。

（4）网络。网络普及已经是不言而喻的了。利用论坛、微博、QQ群等方式传播信息，当然也可以在易车网、新浪网汽车频道等与汽车相关的网站公布信息，以达到信息传播最大化及有效性。

2. 活动现场布置

活动现场布置得好，可以使活动进行得有条不紊，增加活动气势和氛围，吸引更多人参与。以下物品是在大型活动中所必备的，如下图所示。

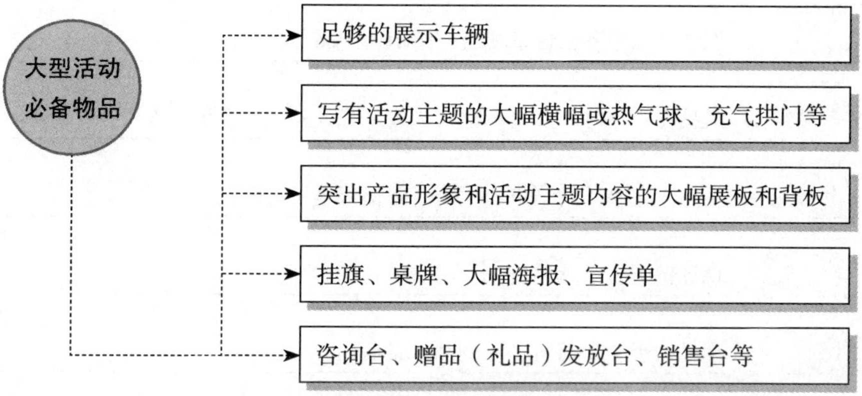

大型活动必备物品

3. 活动人员安排

（1）安排足够数量的促销服务人员，并佩戴工作卡或绶带，便于识别和引导服务。

（2）现场要有一定数量的秩序维持人员。

（3）现场咨询人员、促销人员既要分工明确又要相互配合。

（4）应急人员。

4. 活动公关联络

提前到工商、城管等部门办理必要的审批手续。

三、掌握现场执行要点

在进行活动策划时，需要注意掌握现场执行要点，具体如下图所示。

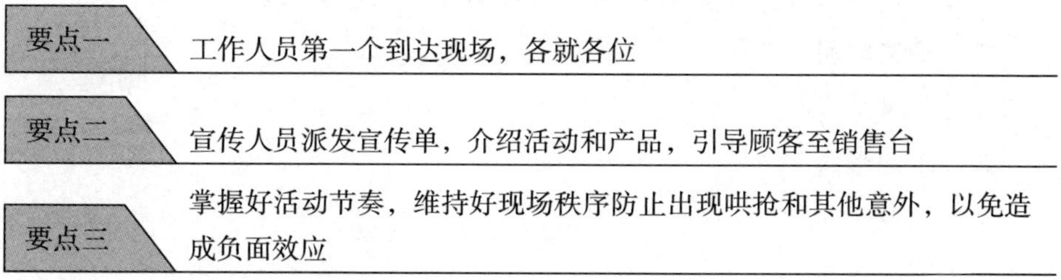

要点四	促销人员准备销售事项，介绍销售产品
要点五	赠品在规定时间发放不宜太早或太晚，发放时登记个人资料并签字
要点六	主持人宣布活动结束，现场暂时保留至可能时间
要点七	现场销售台继续销售
要点八	现场清理，保留可循环物品以备后用

活动执行要点

第三节　节日促销活动策划案例

范本一：××汽车4S店春节活动方案

××汽车4S店春节活动方案

一、活动主题

新年送豪礼　订车中大奖

二、活动时间

×月××日至×月××日

三、活动对象

×月××日至×月××日期间成功订购任一款车型的客户。

四、抽奖时间

×月××日×时

五、活动形式

文艺表演+抽奖

（续）

六、活动地点

××汽车4S店展厅

七、活动目的

1. 抓住节日商机，推出大型促销活动吸引客流，促进节日期间订单受注，刺激消费。

2. 拓展销售渠道，增加目标受众。

3. 扩大公司品牌知名度和美誉度，提高公司品牌在受众人群中的影响力。

八、奖项设置

一等奖：38寸等离子电视1台，价值8888元，1名。

二等奖：数码DV，价值2888元，1名。

三等奖：电热茶具、电磁炉、果汁机，价值388元，3名。

来店客人均有礼品赠送（维修工时券或精美小礼品，贺年类礼券）。

九、前期宣传

1. 短信告知：××月××日、××日分批次发送，各发送5万条。

2. 网络告知：××阳光网、××汽车网、××公司网站软文发布。

3. 电台宣传：××交通音乐台、综合频道。

4. 报纸宣传：××日报、××都市报。

5. DM宣传：××日报、××日报、××都市报。

6. 店头宣传告知：彩色喷绘、条幅、易拉宝、活动宣传单页。节日活动气氛的渲染。

7. 销售员口头告知，客户互相传达。

十、活动日程安排

×月×日～××日，店头宣传布置，活动宣传，扩大活动影响力，增加受众群体。

×月×日～××日，准客户邀约。舞台背景的制作、音响、演员预约。活动奖品及礼品筹备。

×月××日，抽奖活动用品的筹备，舞台及活动场地搭建，活动当天人员安排。

×月××日，抽奖活动。

×月××日，活动总结，费用报批。

（续）

十一、抽奖活动流程安排

抽奖活动流程安排，如下表所示。

抽奖活动流程安排

时间	具体事项	备注
10：00	再次确认邀约客户名单	欢快的背景音乐，主持人实时提醒
13：00	活动相关准备工作到位，签到台，自助餐工作人员到位	
13：30	客户签到处签到，礼品发放，号码牌发放	
14：00	舞台音响、演员、主持人到位	舒缓的背景音乐
14：30	主持人致词，介绍活动内容	
14：35	董事长致新年贺辞	
14：40	公司领导致辞	
14：45	节目表演	
15：00	抽三等奖，颁奖中奖客户上台前，礼仪小姐为其佩戴胸花	动感背景音乐
15：15	颁奖，客户发表感言	
15：20	互动游戏	动感背景音乐
15：30	抽二等奖，颁奖中奖客户上台前，礼仪小姐为其佩戴胸花	
15：35	颁奖，客户发表感言	
15：40	节目表演	
15：50	互动游戏	
15：58	抽一等奖，中奖客户上台前，礼仪小姐为其佩戴胸花	加强音效
16：05	客户感言	
16：10	领导颁奖，放礼炮	动感音乐
16：15	所有中奖客户合影	欢乐颂
16：20	主持人致辞，活动结束	
16：30	客户自由活动，维修人员为客户答疑	欢乐颂

（续）

十二、活动费用预算

活动费用预算，如下表所示。

活动费用预算

项目大类	项目小类	规格	单价	总价
活动宣传费用预算	短信发布			
	软文发布			
	店头喷画			
	条幅			
	易拉宝			
活动用品费用预算	舞台背景			
	舞台钢结构			
	地毯			
	奖牌			
	抽奖券（号码）			
	抽奖箱			
	礼炮			
奖品、礼品费用预算	38寸等离子电视			
	数码DV			
	电热茶具、电磁炉、果汁机			
	维修工时券			
演出费用预算	演出费用			
	音响租赁			
其他费用预算	自助餐饮			
	胸花			
	鲜花			
	签到本			

范本二：××汽车4S店三八妇女节活动方案

××汽车4S店三八妇女节活动方案

一、活动前期数据分析

（略）。

二、活动前期分析

活动前期分析，如下表所示。

活动前期分析

分析向导			目的向导	
模块	分析类别	分析项目名称	分析结果	问题确认
决策分析	展厅客流量分析（本周与历史4周对比）	到店客流量统计分析（分车型）	进店数据：本周各车型进店量下降	本周客流量下降，原因主要是春节到来，客户消费热情被过年团圆所取代，所以客流量下降
		来电客流量统计分析（分车型）	来电数据：各车型来电下降	
	潜在客户数量分析	新增潜客数量分析（分车型）	建卡量：各个车型建卡情况均下降	
	成交数量分析	成交客户数量统计分析（分车型）	本周零售销量××台	
	战败数量分析	战败客户数量统计分析（分车型）	本周战败车型均下降	
	库存分析	库存结构（各车型库存量及在途量）分析（分车型/库龄）	长库龄车型是××、××	

三、活动目的确认

（1）自××上市以来销量不是很理想，近期××库存较多，为促进上市的××销量。

（2）通过活动的优惠力度和特殊形式，触动其购买欲，达成实际销售。

（续）

（3）结合销售部促销政策，开展以购买意向为目的的市场活动，提高××的潜在客户级别及成交转化率。

四、活动前期宣传方案

（一）活动工具包组合

活动工具包组合，如下表所示。

活动工具包组合

五大渠道	工具	本次活动工具选取
广告	电视、广播、电台、短信/网络、平面广告/户外广告/特殊媒介广告/口言相传/展示广告	电台、网络
公关	媒体关系/赞助/危机公关	媒体关系
交互活动	店外活动/店头活动	店头活动
直复营销	直邮、人员直销/经纪人（代理）推荐/电话开拓/大客户开发	
销售促进	促销日/抽奖/特殊装备	促销日、抽奖

（二）活动目标

活动主题：（略）。

活动时间：××××年××月××日

活动地点：展厅内

（三）客户邀请计划

邀约对象：××月～××月订车、成交客户及××月～××月来电且成功建卡客户（邀约名单详见附件）。

邀请亮点："三月女人天，靓丽妇女节"抽奖送祝福活动。

邀约时间：3月5日（详见邀约总体管控表）。

邀请方式：详见下面邀约客户总体管控表。

名单筛选要点：以成交客户为主；订单时间长而未到车的客户优先；来电客户建卡后未到店的客户优先；结合库存以××客户优先。

（续）

邀约客户总体管控表

成交客户邀约到达		15批		来电客户邀约达到			10批	
类型	客户分类	邀约客户渠道	邀约日期	首次短信	首次电话	二次核实	二次短信	早电话确认
潜客客户	随机进入展厅客户	话术邀约客户参与	3月5～6日					
	已建卡潜客	1. 客服部短信邀约		9：00			17：00	8：30
		2. 销售顾问电话邀约			11：00	16：00		
	报纸或网络报名客户	1. 客服部短信邀约		9：00			17：00	8：30
		2. 销售顾问电话邀约			11：00	16：00		

五、活动亮点分析

（一）受众群体范围

1. 已建卡潜在客户。

2. 通过报纸、网络宣传客户到展厅内参加本公司组织的各种游戏，在活动结束后到试乘试驾区进行试乘试驾。

（二）活动主题及当天亮点

1. 通过“你了解我吗”现场活动游戏，答对最多的客户，可为自己所爱的人获得丝巾一条。

2. 活动现场参与试乘试驾的女性客户，可获得美容代金券一张。

3. 活动现场订车或成交的客户均可获得底盘装甲、全车镀膜等精彩礼品。

4. 凡活动当天到达现场的客户均有机会参加“三月女人天，靓丽妇女节”抽奖活动，奖品设有不同金额的购车代金券、装具大礼包及购车送保养。

（续）

六、活动期间时间安排

（一）活动前期安排

活动前期安排，如下表所示。

活动前期安排

时间安排	事项安排	负责人	执行人	落实时间
3月5～6日	邀约客户			
3月6日	活动方案夕会告知销售部			
3月5日	场地确定			
3月6日	活动启动会			
3月8日	市场部：物料及场地布置（对活动邀约人数实时监控） 销售部：活动专属政策、提前备好试驾车辆 行政部：保安引导参与活动客户车辆停放 客服部：满意度后期调查			
3月5～6日	展厅布置			
3月5～6日	市场部对媒体进行邀约，同时对销售部潜客户邀约进行监控			
3月7日	对活动前物料及名单进行确认核对			

（二）活动当天安排

活动当天安排，如下表所示。

活动当天安排

时间安排	事项安排	负责人	执行人
8：30～9：00	活动前期人员及活动期间所用设施情况检查		
9：00～9：30	客户入场签到并到指定位置就座		
9：00～9：10	主持人开场		

（续）

（续表）

时间安排	事项安排	负责人	执行人
9：10～9：20	××总经理致欢迎辞并祝女士假日快乐		
9：20～9：30	歌曲表演		
9：30～9：50	客户有奖知识问答		
9：50～10：20	由美容讲师为客户讲解美容知识		
10：20～10：40	“你了解我吗”游戏互动（分两组，每组三对夫妇）		
10：40～10：50	舞蹈表演		
10：50～11：10	抽奖及颁奖		
11：10～12：00	客户试乘试驾		

（三）活动物料

活动物料明细，如下表所示。

活动物料的明细

项目名称	具体说明	数量	费用	负责人	落实时间
条幅	内容：情定POLO+1劲情拼购劲取好礼”；10米×0.9米红底白字	1条			
宣传片	汽车宣传片，循环播放				
签到表	媒体、成交客户与潜在客户签到表分开	2			
活动流程表（客户）	活动时间节点，各环节流程	50			
易拉宝	市场价、现行价、活动价格、厂家政策、单店政策	5			
签到桌椅		4			
展车装饰红花	绸子围的红花	3			
引导牌	“三月女人天，靓丽妇女节礼”	1			

（续）

七、活动应急预案处理

（一）天气

提前关注活动期间天气预报，如大风或雨雪天气，造成客户稀少，活动将在另选时间进行。

（二）站立时间过长影响客户积极性

现场场地受限制，旁边可以容纳一部分人休息，控制讲的时间，增加趣味性和互动性。

（三）活动当天人员稀少

活动前期实时与销售部沟通邀约情况并监控网络及报纸报名客户；如客户稀少，邀请进店潜在客户参与此次活动。

（四）现场用户投诉

发生用户投诉现场由×××解决，与销售总监一起及时将客户拉到安静处，避免给现场造成不良影响。

范本三：××汽车4S店端午节活动方案

××汽车4S店端午节活动方案

一、活动目的

提高保有客户忠诚度，增加与客户互动促进客情关系，增加沟通机会，了解客户需求，增加潜在客户购买信息，促进成交。

二、活动目标

保有车主10位，潜在客户10组。

三、活动时间

农历五月初五（端午节）。

四、活动地点

××汽车4S店一楼展厅。

五、活动内容

1. 邀请客户参与我店包粽子比赛，并相互品尝。

（续）

2. 邀请客户参加折飞机比赛，回望童年。
3. 客户品尝自己亲手制作的粽子。
4. 免费全车检测，清洗车辆。

六、活动刺激诱因

与其他客户共同制作中华传统美食粽子并赠送活动礼品。

七、广宣策划

广宣策划，如下表所示。

广告策划

广告宣传	预计媒体投放数量
××电视台	
××都市报	
××汽车网	
××日报	

八、活动费用预算

活动费用预算，如下表所示。

活动费用预算

<table>
<tr><td rowspan="5">媒体购买</td><td>媒体名称</td><td>版式</td><td>例价</td><td>折扣</td><td>实际价格</td><td>软文</td><td>软文价格</td><td>备注</td></tr>
<tr><td></td><td></td><td></td><td></td><td></td><td></td><td></td><td></td></tr>
<tr><td></td><td></td><td></td><td></td><td></td><td></td><td></td><td></td></tr>
<tr><td></td><td></td><td></td><td></td><td></td><td></td><td></td><td></td></tr>
<tr><td>其他</td><td colspan="7"></td></tr>
<tr><td rowspan="5">物料费用</td><td>物料名称</td><td>数量</td><td>单价（元）</td><td colspan="2">物料名称</td><td>数量</td><td colspan="2">单价</td></tr>
<tr><td>短信招揽</td><td></td><td></td><td colspan="2"></td><td></td><td colspan="2"></td></tr>
<tr><td>水果</td><td></td><td></td><td colspan="2"></td><td></td><td colspan="2"></td></tr>
<tr><td>工具原料</td><td></td><td></td><td colspan="2"></td><td></td><td colspan="2"></td></tr>
<tr><td>物料制作</td><td></td><td></td><td colspan="2"></td><td></td><td colspan="2"></td></tr>
</table>

（续）

（续表）

公关费用	
其他费用	

九、活动总结

通过本次活动的举行，认识到自身能力的步骤，希望在下次将活动不断完善和提高，并将此类活动继续组织下去。

范本四：××汽车4S店教师节活动方案

××汽车4S店教师节活动方案

一、活动主题

××4S店欢乐之旅，关心教师家庭

二、活动对象

大学教师（主要是有购买能力、购买需求的大学教师）及其家人好友（共1～3人）

三、预计参与人数

80人左右

四、活动时间

9月8日

五、活动地点

××体育广场

六、活动流程

（1）9月1～7日：公关及媒介宣传工作

（2）9月3～7日：报名工作

（3）9月8日7：30：所有参与嘉宾在××4S店集结

（续）

为了吸引更多的大学教师参加到活动中来，并争取我们的车队在沿途起到更大的宣传效应，因此将出发地点定在××4S店。

（4）9月8日8:00××车队接参与教师

届时用××的试乘试驾车辆和专用大客车将活动参加者从××师范大学按照预定路线接至活动现场。

（5）9月8日9:00～12:00到达预定地点进行试乘试驾

（6）9月8日12:00～13:30抵达××温泉度假村，享用农家大餐

（7）9月8日13:30～15:30趣味娱乐活动

（8）9月8日15:30～16:00填写调查问卷

（9）9月8日16:00～17:00返回，××展厅参观

（10）9月8日17:00～17:45购车咨询活动

（11）9月8日17:45活动结束，送回嘉宾

（12）9月8日以后每周一至周五：上门试乘试驾活动

七、活动内容

（1）试乘试驾活动：

时间：9月8日9:00～12:00

形式：试乘试驾，做绕桩、转弯、加速等各种性能体验

（2）农家大餐：

时间：9月8日12:00～13:30

形式：在××温泉度假村享用农家大餐

（3）趣味娱乐活动：

时间：9月8日13:30～15:30

形式：所有嘉宾参加，包括教师的家属、好友、孩子都能够参与其中，以增强整体活动的吸引力。同时，我们的活动设置都是有关别克汽车的信息，能够使参与者在趣味娱乐的同时了解别克车，增强同别克车的亲近感，从而促发购买欲望。

A. 别克童星大赛

参赛者：在场的小朋友。

比赛方式：让参赛者扮演一次小汽车模特儿，与现场别克车合影，并在适当了解汽车性能的基础上回答观众们的提问，从中选出大家公认的最可爱

（续）

车童，作为别克童星进行奖励。

B. 爱车家庭装点大赛

参赛者：参加活动的各个教师家庭自愿报名（单身前往可以自由组合成临时拍档）。

比赛方式：以上述家庭为单位，以我们事先准备好的汽车装饰品为原料，先由各队选择喜欢的装饰品，再用这些装饰品装点试乘试驾别克车，最后评选出将车装饰得最漂亮的一队作为最佳爱车装点家庭。

C. 绕车接力大赛

参赛者：由嘉宾自愿组合，4人为一组。

比赛方式：每个长方形代表一辆别克车（数量待定），敞开车门。游戏分组进行，每组一号队员从依次穿过四部车的后座，并在穿过每一部车时按响汽车喇叭，在穿过四部车后将手中的旗子递给下一名队员，由他重复一次，依此类推；当4名队员全都完成时统计用时，用时最短的一组获胜。

D. 超级后备厢规划大师赛

参赛者：参加活动的各个教师家庭（单身前往可以自由组合成临时拍档）。

比赛方式：预先准备好需要装进后备厢的物品，以家庭为单位，看哪个家庭能够在最短的时间内将最多的物品装进同一型号的别克车后备厢。物品包括一家人都能用到，并能是嘉宾产生亲切感的日常用品，如毛绒玩具、滑板、高尔夫球杆、鱼竿、卷轴画、旅行袋、地毯、睡袋、帐篷等。这些物品在活动中都可以当作礼品赠送。

E. 小小雕塑家大赛

参与者：在场的小朋友。

比赛方式：让小参赛队员们按照别克车型用主办方准备的彩色橡皮泥捏出别克车的形状，最后选出三名优胜者进行奖励，入选作品在××展厅橱窗中长期展示。

F. 汽车知识竞赛

参赛者：参加活动的各个教师家庭（单身前往可以自由组合成临时拍档）。

比赛方式：在出发时将××4S店别克的宣传单发给每一个参加活动的家庭，知识竞赛的部分答案在宣传单上。

第一轮：必答题，题目是××4S店别克的产品信息及汽车常识，淘汰至

（续）

七个家庭。

第二轮：一人比画一人猜，题目为有关汽车的名词及物品淘汰至五个家庭。

第三轮：抢答题，淘汰至前三名的家庭进行奖励。

（4）填写调查问卷：

时间：9月8日15：30～16：00

形式：问卷涉及参与者的汽车需求、习惯、购车理想、价格承受力、对昊普的认识，最终将问题引向是否愿意在××4S店购买别克车。依据此调查问卷我们将建立一个客户资料库，并从中发现最具购车可能的参与者并进行重点推荐。

（5）××4S店展厅参观活动：

时间：9月8日13：30～16：00

形式：事先将××4S店展厅布置一新，增添和教师节有关的装饰物和悬挂品（如宣传漫画、有关教师的古语名言、活动旅途风景、欢乐时光、大家代表所有学生送给教师们的贺卡和献花等），在娱乐活动和试乘试驾活动结束后将所有参与嘉宾接至昊普展厅，由工作人员介绍××4S店、介绍别克。参观完毕，如果有购车想法可以继续进行咨询活动，其他参与者可以先送回。

展厅的布置从9月7日就已经完成，使当天所有没有参加活动的教师都能到××4S店展厅体验××4S店对教师们的一份祝福和问候。

（6）上门试乘试驾活动：

时间：9月8日以后每周一至周五11：00～14：00

形式：利用每天中午的时间，由销售顾问将开试乘试驾车辆上门提供试乘试驾服务，同时为活动参与者赠送礼品。

八、优惠方式

试驾：上门试驾，试驾有礼。

修车：加赠免费机油机滤保养一次。

会员：免费成为××4S店汽车俱乐部会员，享受××市区内24小时免费救援等20项会员服务及优惠政策。

活动：针对会员单位在××4S店购买别克车的客户，由4S店出资组织一次自驾游娱乐活动。

买车：赛欧、凯越、君威、GL8各款别克系列车型均有惊喜大礼包赠送。

（续）

九、活动宣传

1. 公关宣传（略）。

2. 媒介宣传（略）。

十、经费预算（活动前及活动当天）

（略）。

范本五：××汽车4S店国庆节活动方案

××汽车4S店国庆节活动方案

一、活动目的

1. 以“国庆节”为契机，通过策划一系列活动，进一步宣传企业的整体形象，提高企业的知名度和美誉度。

2. 通过国庆长假，最大限度地提高人流量、提升人气、扩大专卖店的销售业绩。

3. 累积客户信息资源，为日后组建“××车友会”或“××自驾游”等项目做好铺垫。

二、活动主题

主标题：破除旧思想，建立新概念。

二级标题：新中国靠革命创造，新概念由××4S店演绎，让汽车市场也来一场革命吧！全新概念车××汽车面世！

三级标题：举国欢庆革命成果，新中国××周年，××汽车4S店派送八重礼！

三、活动时间

9月30日至10月9日

四、促销活动内容的设计

1. 一重礼：进店免费礼

无须消费，进店就有礼。活动期间内所有顾客凭单页进店登记后均可免费领取精美礼品一份。促销说明：活动期间礼品发放数量限前30名进店的消

（续）

费者（预计10天300个）。

2. 二重礼：国庆特价礼

惊爆价，推出特价车，不参与其他礼品及服务活动，每天限购3辆。

3. 三重礼：购车豪华礼（特价车除外）

不同价位段的车型将会有不同的礼品赠送，购买高端车型的客户，将赠送豪华大礼包一份。

4. 四重礼：国庆红包礼（工时费现金券）

凡是在活动期间的每天上午10点和下午4点准时派发国庆红包礼，红包派发方式从面额800元发至1000元的售后服务工时费现金券，先到先得。

5. 五重礼：国庆现金礼（特价车除外）

活动期间凡购买正价车型的消费者凭购车发票或收据即可参加抓现金一次活动。抓现金单据当日有效，对已抓现金客户的单据由抓奖负责人注明“已抓奖，此单作废”字样。

6. 六重礼：以旧换新千元“豪”礼（特价车除外）

所有的客户，在活动期间享受以旧换新的优惠：凡以旧换新，可减免手续、上牌费、保险费等，还有精美小礼品赠送。

7. 七重礼：抽奖惊喜礼

为庆祝新中国成立××周年之际，公司申请举办“××汽车4S店国庆汽车场地驾驶比赛”活动。同时，也为回馈广大消费者对本店的厚爱和支持，特地在国庆××周年之际举行此次大型购车抽奖活动。

（1）活动期间凡购车的消费者均可参加一次抽奖活动。

（2）抽奖细则：将编号1～6的乒乓球放在不透明的箱子里，抽完一个编号以后，再将此编号的球放入箱子里再抽，抽满6个为一组，即一次抽奖完成；每人只限抽一次；顾客抽奖时不得观看箱内，否则无效，不予兑换。

（3）本次抽奖活动建议共设置6个等级的奖励，具体设置按实际情况而定，建议多用本公司的工时现金券或汽车精品现金券等。

8. 八重礼：阳光服务礼（售后优惠服务工时费现金券）

凡是本店的客户，在“国庆节”促销活动期间都可以来专卖店免费享受清洗、打蜡等维修保养服务，并可以收到价值50元的售后维修服务现金券。

第二章　汽车4S店车展活动策划

章前导引

车展作为一个平台、一个纽带，把汽车4S店和消费者连起来，既给消费者提供了一个很好的购车和赏车的平台，同时也给汽车4S店一个宣传品牌、展示新车型的机会。车展营销已经成为拉动车市销量的一个重要有效的组成部分。

第一节　车展活动认知

一、什么是车展

车展，全称为“汽车展览”（Autoshow）是由政府机构、专业协会或主流媒体等组织，在专业展馆或会场中心进行的汽车产品展示展销会或汽车行业经贸交易会、博览会等。

车展是对于汽车工艺的呈现与汽车产品的广告，如同汽车制造业者和当地经销商的公共关系。消费者可经由汽车展览会场所展示的汽车或汽车相关产品，端详汽车制造工业的发展动向与时代脉动；汽车厂商则可以通过车展对外宣传产品的设计理念，发布产品信息，了解世界汽车发展方向。

车展包括国际大型车展、地域性车展以及汽车4S店车展。作为汽车4S店，主要参加的是本店所在城市地域性车展，负责本店车展活动。

二、车展类型

汽车展览主要包括以下几种类型：

1. 大型综合性汽车展

国内、外厂商组织参展，展览面积在8万平方米以上。在中国众多汽车展览会中，最受瞩目的是北京国际汽车展览会和上海国际汽车展览会。目前，北京国际汽车展览会和上海国际汽车展览会已成为国内规模最大、权威性最强、档次最高的国际性专业展会。

2. 区域性汽车展

区域性汽车展以国内厂商为主体，国际品牌多以代理商参展为主，展览面积在4万～8万平方米之间。主要的展会有华南地区的广州国际汽车展览会、深圳国际汽车展览会和东莞国际汽车展示交易会，杭州国际汽车展览会，东北地区的长春、沈阳国际汽车博览会，以及西南地区的成都国际汽车展览会。

3. 以省市招商为主的汽车展

这类展览会以国内经销商和国外品牌代理商为主，少量国内厂商参与，展览面积在4万平方米以下。此类展会，在数量上占一半以上。

4. 各种专业性、专题性汽车展

这种专题类展览会是汽车展览市场细分的结果，是汽车展览市场中更趋专业化的产物。就汽车展览会的起源与发展来看，这种大、中、小型结合，综合性与专业性结合的展览结构，对于推动国内外汽车界的交流、发展、合资与合作，繁荣地区经济，完善市场服务体系起到了积极的作用。

三、车展的意义

对于消费者而言，车展举办的目的就是方便消费者能集中购买自己心仪的爱车，免去东奔西跑，进出门店，通过车展这个平台能更好地选择跟对比，看哪款车更适合自己。

那对于经销商而言，车展举办的目的就是能够更好地帮助他们完成销售任务，搜集更多意向客户。

第二节　车展活动策划要点

一、选择合适的车展

策划车展活动首先需要选择合适的车展，汽车4S店在平时的经营中，要多留意各种车展信息。当然，不是所有的车展都需要去参加，一定是适合本汽车4S店的才是最好的。汽车4S店管理者在选定适合本汽车4S店的车展类型时需要考虑以下一些问题：

（1）这种展会是否能够很好地适用本汽车4S店的营销计划？

（2）展会期间本汽车4S店有无其他安排？

（3）展会地点交通是否方便？

（4）参加展会的人员将有多少属于本汽车4S店的目标客户？

（5）参加展会的人员有多少是本汽车4S店的现有客户？

（6）车展主办方采取了哪些措施来进行宣传？

（7）类似的展会以前的成功率是多少？

（8）哪些竞争对手已确定参加车展？

二、制定车展营销策略

车展是汽车4S店整体营销运作中的一个强有力的方面，是汽车4S店整个营销计划中一个重要的组成部分，汽车4S店管理者应该制订出短期和长期目标。

汽车4S店管理者在决定参加车展之后，可以根据车展手册来制订营销策略，同时也需要考虑以下几大类问题，具体如下表所示。

制定车展营销策略应考虑问题

序号	问题类型	具体问题
1	车展适合营销策略的有哪些地方	（1）想在现有市场内增加现有产品或服务吗 （2）想把现有的产品或服务投入到新的市场中去吗

（续表）

序号	问题类型	具体问题
1	车展适合营销策略的有哪些地方	（3）想把新产品或服务投入到现有市场中去吗 （4）想把新产品或服务投入到新市场中去吗
2	车展要达到什么样的目标	（1）要增加多少销售额或订单 （2）是否需要影响目标客户 （3）是否需要发布新产品及服务
3	汽车4S店想要展出什么	（1）是否需要展示新产品 （2）是否需要展示汽车4S店文化 （3）是否需要展示模拟生产线
4	谁是你的目标顾客	（1）目前客户还需要进一步交流 （2）参加的厂商有多少人 （3）是否有直接的消费者参加
5	展销预算怎样	（1）车展场地需要多少费用 （2）车展展览设计需要多少费用 （3）车展车旅费需要多少 （4）车展需要多少广告、宣传等活动费

三、选择场地及位置

展销策划中很重要的一部分是需要知道要多大的地方来摆放展品。这就如同先买一块地，然后再在上面建一栋房子。两者的区别仅仅是在车展上所做的一切都是临时的。

1. 计算出展场地

汽车4S店管理者在决定需要多大场地时，应该明确目标，更重要的是考虑预算。一些汽车4S店会首先考虑他们在市场中的规模，然后再相应地租用展会场地。

2. 选择最佳位置

每个汽车4S店都想在展会上得到理想的位置，但是车展各不相同，最佳位置也会因汽车4S店不同而有异。

（1）场地研究指导。

位置选在入口的右侧或展销大厅的中央。调查表明，展销大厅右方和中央最能吸引人群。如果计划参加的车展每年都在同一地点举行，研究一下人群流动的模式，然后选择下一年的场地。

（2）场地布局决策。

汽车4S店管理者决定场地之前，应去和展会管理部门商讨展会的布局，了解哪些地方最具吸引力、行业的领导者位于何方，竞争对手在哪里，然后决定本店位置。

（3）展览室平面图细究。

汽车4S店管理者在查看展览室平面图时，需要使用一个放大镜，慎重对待平面图上的每一个标记。因为看起来像一粒灰尘的小黑点，可能是一根圆柱，一条横线可能就是低低的天花板。在预订场地前，要对平面图做到心中有数。

3. 展厅设计考虑因素

在车展中，一个独特的设计会更加吸引人的注意，汽车4S店展销的目的是为了招揽顾客以便能够达到营销目的。因此，汽车4S店在了解展厅设计时，需要注意以下事项：

（1）展台的颜色和包装的质量应和汽车4S店的形象互为补充。

（2）可以用灯光来强调展出的产品，营造氛围。

（3）使用特殊效果来抓住参观者的注意力，如移动的物体、音响、魔术师、机器人、模特、条幅等。

（4）图示一定要简明扼要，并且要使用动感词汇，还可以采用汽车4S店的图标来表明身份。

（5）桌子放在场地边上，上面可以放小册子或其他资料，这样就不会在展台与走廊之间制造障碍。

（6）使用绢制花草的效果要好于使用真的花草，因为绢制花草可以重复使用。

四、签订参展合作协议

汽车4S店要与展会主办方签订协议，以保证双方权益。

下面提供一份某汽车4S店的参展合作协议的范本，仅供读者参考。

【范本】××汽车4S店参加车展协议

××汽车4S店参加车展协议

合同编号：________________

甲方：____________汽车4S店

乙方：____________公司

为共同拓展市场，甲方参加由乙方主办的“__________车展”（以下简称车展）。经过甲、乙双方友好协商，就车展具体事宜达成如下协议。

第一条　车展时间：______年____月____日至____月____日。

第二条　车展地点：____市____路____号。

第三条　甲方义务：

1. 参展车____台（其中），参展车必须在____月____日前进入展点（具体展点______________________），参展期间甲方增减展车必须经乙方同意。

2. 期间甲方必须有____名销售人员在现场为消费者服务。

3. 必须有相关展车的POP、广告礼品、购车优惠。

4. 展区外广告及新闻投放费甲方须按一定比例与乙方共同承担，具体费用另行协商。

5. 不能履行1～4项义务则视为违约，赔偿乙方为此次车展所支付的相关费用，即甲方参展单元应平摊的部分。

第四条　乙方义务：

1. 提供相应参展车位促销台（写字台）。

2. 为甲方车展工作人员免费提供矿泉水、工作午餐。

3. 承担车展期间现场安全、保卫工作。

4. 承担展区电视台、报社及现场广告所有费用。

5. 不能履行1～4项义务则视为违约，赔偿甲方为此次车展所支付的相关费用。

第五条　双方当事人在履行本合同过程中发生争议时，应当协商解决；协商不能解决的由当地仲裁委员会仲裁。

第六条　本协议一式两份，双方签字生效。

甲方（章）：____________　　乙方（章）：____________

住所：____________　　住所：____________

法定代表人：____________　　法定代表人：____________

居民身份证号码：____________　　居民身份证号码：____________

委托代理人：____________　　委托代理人：____________

电话：____________　　电话：____________

公证机关：（章）

签约时间：____年____月____日　　签约时间：____年____月____日

签约地点：____________　　签约地点：____________

五、汽车4S店车展宣传

车展管理方只负责向合适的人群宣传展会。但是，参观者在展会上做什么，到哪里去，却不在展会管理方的控制之下。展销商有责任告诉参观者本汽车4S店在展销什么，本汽车4S店展销处又在何方。

据调查显示，76%的参观者都是有备而来的。如果不知道本汽车4S店在展销，那么找到的机会将会十分渺茫，尤其是在大型展会上。所以，宣传展销便成为展销成功的一个重要因素。

1. 制订宣传计划

制订一个高效的宣传计划，需要考虑以下三个基本问题：

（1）怎样宣传才能使受众记住本汽车4S店、汽车4S店信息、产品及服务？

（2）采用哪些策略可以取得成功且可以衡量的结果？

（3）怎样才能合理地分配本汽车4S店的预算？

同时，宣传的内容应该包括下图所示的三点。

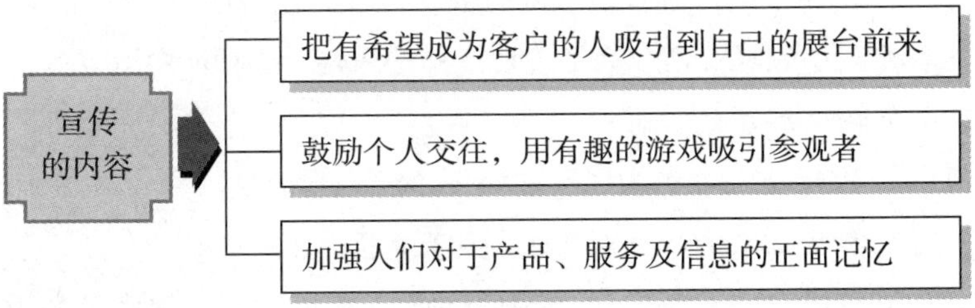

宣传的内容

2. 确定宣传计划

活动非常关键的一部分是在展前、展中和展后进行宣传。大多数展销商都缺乏包括这三方面的计划。当然，决定哪些宣传活动及这些活动要花多少钱取决于预算。

（1）锁定好宣传目标。

展前宣传成功的关键是锁定好目标，哪些真正想走进本店的展销处，想获取多一点的信息、想和本店做买卖的潜在客户。展前成功宣传的形式很多，比较明确的方案是以不同的参观者为目标，如下表所示。

客户类别及特征

序号	客户类别	特征
1	主要客户	这组客户非常重要，占汽车4S店业务量的大多数，大约是80%
2	其他客户	这组客户购买汽车4S店的产品，但并非只与本汽车4S店有业务上的往来，这就意味着本汽车4S店还有机会争取他们更多的业务
3	有希望成为本店客户的	这组人应该列在名单的首要位置，他们购买本汽车4S店的产品只是时间问题
4	其他有希望成为本店客户的	如果汽车4S店肯把时间花在这一部分人身上，他们肯定会乐于买本汽车4S店的产品

（2）明白参观者的需求。

宣传策划成功的关键是明白参观者的需求。参观者参观本汽车4S店的展览的第一原因是本汽车4S店的展品中有其所需要的产品。

3. 创造独特风格

当汽车4S店准备去打一场宣传仗的时候，也许想创造出独一无二的风格能够使本汽车4S店在市场中别具一格。为了设计这样的风格，必须明白以下三个问题：

（1）汽车4S店展示的是什么东西，哪样迷人、哪样热门又是那么地与众不同，以至于人群都蜂拥到本店的展台前来，争着和本店做买卖。

（2）汽车4S店采取哪些措施使自己强于竞争对手？

（3）汽车4S店对购买者提供的哪些东西有实际价值？如优异的质量保证、

快捷运送、最低价格等。

4. 使用个性工具

宣传工具是与所希望的参观者之间进行交流的方式。使用宣传工具一定要反映自己的风格及代表汽车4S店的最好形象。

六、展销人员配备

汽车4S店的形象不会止于一个精心设计的摊位、别致的广告或给人印象深刻的宣传品。展销人员对于展销取得成功的作用是不可低估的，所选的展销人员就是汽车4S店的形象大使，态度、形体语言、外表和学识都会有助于加深来宾对汽车4S店的积极或消极的看法。

1. 挑选合适的团队

鉴于展销人员所扮演的重要角色，因此在挑选人员时要认真考虑。一般挑选以下几类员工参加车展，如下表所示。

挑选员工类型

序号	类型	具体说明
1	有人缘	一般来说，喜欢和各种各样的人交流，好交际且待人友善，喜欢和别人建立友好关系是优秀的团队协作者
2	有热情、有朝气	作为汽车4S店的代表，对自己和所代表的汽车4S店持肯定态度，激情、热忱，极富感染力，从而有利于销售进行
3	有观察力	在车展上组织的所有活动中，展销人员必须具备能够观察出各种异样之举和非语言行为的能力
4	良好专业知识	车展不适合新手参加，新员工往往弄不清楚客户说的是什么
5	善于倾听	交谈中，参观者经常会露出他们有兴趣购买的口风。展销人员需要将100%的注意力集中在来访者身上，巧妙地问一些问题，并注意对方的回答
6	能体谅他人	能够设身处地为参观者着想，对参观者表示理解、感激，并且想办法及时解决参观者要求及关心的问题

2. 做好组团参展工作

组团参展就是参加车展的所有成员组成一个团体，这就需要做好各项协调工作。在展会前，组织一次团体会议，讨论问题。

（1）明确参展目的。

解释说明汽车4S店参展的目的及汽车4S店想通过此次展会取得的效果。利用这个时间将汽车4S店展销的目的及目标告诉给参展员工。

（2）熟悉展销产品。

让展销队伍知道计划展销的产品及其服务。如果汽车4S店想举办各种活动，一定要让员工们知道。

（3）制定个人目标。

鼓励员工在展销总体目标的基础上树立自己的目标。每名展销人员都应该有一个个人目标。制定个人目标，可以使展销人员增强主人翁的责任感，改掉不良习惯，使他们自己的目标更加明确。

参加展销会的员工也需要知道，根据每天的安排要求他们做什么。例如，汽车4S店希望他们和多少客户交流，希望他们得到什么样的信息等。

（4）掌握演示技巧。

汽车4S店的展销人员要经过专业方面的训练，才能更加有效地进行展会工作。例如，需要知道如何演示展销产品和满足客户需要。不能因为他们是这一行业最优秀的销售人员就想当然地认为他们也是最好的展销人员。

相关链接

展会接待技巧

1. 吸引来宾

欢迎并感谢参观展位的顾客。用微笑、眼神交流及握手等方式营造一种融洽的气氛，从一开始就给对方留下美好印象，再问他们一些问题，用“谁、什么、哪里、什么时候、为什么、如何”等问题开头，然后再转到本店的产品及服务上来，以及本店的产品将给他们带来的若干好处等。

2. 衡量来宾

观察参观者是否真的有兴趣购买本店的产品。继续问他们问题以便弄清楚参观者对本店产品或服务的兴趣如何，可以问问他们是怎样做出决定的（是谁影响他们来购买本店产品的），探问一下他们的购买时间和准备花多少钱。

3. 展示产品

向客户演示新生产线或为他们提供新技术的应用。千万不要想当然地认为顾客什么都知道。

4. 接待结束

把参观者的有关信息记录在“用户信息卡”上，以便展销会后采取行动。回答参观者的所有问题，然后给他们承诺，这样可以使参观者在本店的后续活动中对本店的产品或服务表现出浓厚的兴趣。

七、制定展会流程

汽车4S店参加车展前就要明确展会流程，以便有条不紊。可以运用如下表所示的展会流程表来予以控制。

展会流程表

工作大项	明细	截止时间	负责人
车展前期准备活动	活动策划案确定		
	场地确定、签订合同		
	现场表演团体确定		
	产品宣传资料准备、车身彩绘行架喷绘布mini盖头等广告物料制作		
	环保袋、礼品准备及广告物料制作		
	模特、举牌小姐确定、车模服装、举牌小姐彩带		
	现场播放广告片准备		
	上市活动对外宣传稿、领导发言稿、现场有奖问答稿		
	少儿车身彩绘宣传单及报名表制作		
	摄像机及摄像人员费用确定		
	媒体的邀约及前期宣传工作		

（续表）

工作大项	明细	截止时间	负责人
车展前期准备活动	展车的准备（临牌、加油等）		
	展车车内装饰		
	车展期间销售人员的安排及接送安排、销售员照片上交市场部		
	销售员服装、电脑、名片、笔、记录本、车辆宣传资料及车展期间搜集客户资料的任务等		
	客户邀约		
	门票发放、礼品表制作及发放、来电来店客户资料搜集		
	车展现场相关销售政策制定，以及对外宣传代言人		
	布展、搭建、进场缴纳卫生费和电费押金等		
	展车出入场、试乘试驾车的管理、现场人员餐饮及饮用水安排、费用借支		
车展期间管理工作	现场展车及销售人员的安排管理工作		
	现场演艺人员及主办沟通协调工作		
	电台及电视台采访、对外宣传代言人		
	试乘试驾车管理、现场人员餐饮及饮用水安排、费用借支		
车展撤展	车展车辆撤展		
	室内场地板、灯柱及可拆物料撤展至4S店		
	室内接待台至4S店		
	室内参数牌至4S店		

第三节 车展活动策划案例

范本一：××汽车4S店车展内部执行活动方案

××汽车4S店车展内部执行活动方案

一、活动背景

略

二、活动目的

以销量最大化为主要目的，××汽车上市的宣传为次要目的。

三、活动任务

	不及格	第一档	第二档	第三档
数量	2台以下（含2台）	3～5台	6～8台	8台以上

任务分解

1. 展厅累积交车客户，活动现场交车（1台以上）。
2. 展厅积累意向客户，活动现场订车（2台以上）。
3. 非预约客户，活动现场订车客户（2台以上）。

根据上述分解，至少可以确保第一档任务的完成。

四、人员分工

组别	工作职责	人数	责任人	组员
总负责人	协助各组工作正常开展、把握时间节点	1		
联络组	1. 组办方沟通协调 2. 各组人员工作督促 3. 各组人员调配	1		
销售组	1. 产品介绍 2. 价格谈判	3		

（续）

（续表）

组别	工作职责	人数	责任人	组员
接待组	1. 客户邀约 2. 销售协助 3. 客户登记 4. 展区形象维护	2		
车辆组	1. 车辆安全运输 2. 洗车	3		
宣传组	1. 现场DM单页发放 2. 人偶服表演 3. 现场活动执行	4		
后勤组	1. 物资管理与发放 2. 物资采购 3. 交易支持	1		

五、活动流程

（一）前期准备

项目	内容		执行人
客源完成	1. 通知所有意向客户车展促销信息 2. 活动3天，每天邀约5组保有客户，前来领取纪念礼品		
物料完成	展场物料	地毯、横幅、拱门、促销政策易拉宝、××汽车上市易拉宝、接待桌椅	
	车辆物料	车贴、车顶立牌、报价单、前后牌、相关表格	
	发布会物料	背景画、桩桶、警戒带、幕布、礼花、主持人、乐队、车模	
培训完成	针对性卖点培训	性价比、后轮驱动、非承载式车身、底盘	
	销售话术讨论	汽车销售中遇到的难点罗列出来，大家共同制定针对性话术	

（续）

（二）车展流程

项目	目的	时间节点	执行组	备注
××月××日				
入场、布展	以最快的时间进入销售状态	12:00以前	销售组 接待组车辆组 宣传组	
午餐时间12:00～13:00				
气氛营造	DM单页发放	13:00～14:00	宣传组	必做
	卡通人偶走秀	14:00～15:00	宣传组	必做
	车展广播宣传	15:00～16:00	宣传组、联络组	选做
	试驾送礼	16:00～17:00	销售组	选做
××月××日				
销售整备	1. 展区及车辆卫生 2. 当日工作梳理	8:30～9:30	全体人员	
气氛营造	卡通人偶走秀	9:30～11:00	宣传组	必做
	车展广播宣传	11:00～12:00	宣传组	选做
午餐时间12:00～13:00				
发布会准备	揭幕车辆准备并保证安全	13:00～14:00	宣传组	
	礼炮准备			
	背景画安装跟进		沟通组	
	主持人、乐队和车模到位			
	发布会小礼品准备		后勤组	
上市发布会	炒作人气，宣传促销方案	14:00～15:00	流程另起	
气氛营造	卡通人偶走秀	15:00～16:00	宣传组	必做
	试驾送礼	17:00～18:00	销售组	选做

（续）

（续表）

项目	目的	时间节点	执行组	备注
××月××日				
销售整备	1. 展区及车辆卫生 2. 当日工作梳理	8: 30～9: 30	全体人员	
气氛营造	卡通人偶走秀	9: 30～11: 00	宣传组	必做
	车展广播宣传	11: 00～12: 00	宣传组	选做
午餐时间12: 00～13: 00				
气氛营造	DM单页发放	13: 00～14: 00	宣传组	必做
	卡通人偶走秀	14: 00～15: 00	宣传组	必做
	车展广播宣传	15: 00～16: 00	宣传组、联络组	选做
	试驾送礼	16: 00～17: 00	销售组	选做

（三）××汽车上市发布会流程

时间：××××年××月××日下午14：00～15：00

地点：车展现场主舞台

物料：小礼品20份、新车幕布1条、纸礼花1对

人员：乐队1组、走秀车模1组

时间	项目	内容	备注
14: 00～14: 10	热场	乐队表演热场	聚集人气
14: 10～14: 15	热场	主持人热场，派送小礼品	
14: 15～14: 20	新车揭幕	新车上市揭幕	领导揭幕同时，放纸礼花
14: 20～14: 30	模特走秀及产品介绍	主持人产品介绍	模特走秀的同时进行产品介绍
14: 30～14: 35	红包派送	抓住人气，派送小礼品	
14: 35～14: 50	促销政策宣读	主持人	
14: 50～15: 00	乐队表演	开始接受预订	

备注：礼品为盖有公章的礼品券，装入红包内。可凭礼品券到××汽车4S店展区换取磨砂杯一个。

（续）

六、促销政策及人员激励

（略）。

范本二：××汽车4S店车展活动方案

××汽车4S店车展活动方案

一、活动背景

（略）。

二、活动目的

以销量最大化为主要目的，××汽车上市的宣传为次要目的。

三、活动任务

	不及格	第一档	第二档	第三档
数量	2台以下（含2台）	3～5台	6～8台	8台以上

任务分解

1. 展厅累积交车客户，活动现场交车（1台以上）。
2. 展厅积累意向客户，活动现场订车（2台以上）。
3. 非预约客户，活动现场订车客户（2台以上）。

根据上述分解，可以至少确保第一档任务的完成。

四、人员分工

组别	工作职责	人数	责任人	组员
总负责人	协助各组工作正常开展、把握时间节点	1		
联络组	1. 主办方沟通协调 2. 各组人员工作督促 3. 各组人员调配	1		

（续）

组别	工作职责	人数	责任人	组员
销售组	1. 产品介绍 2. 价格谈判	3		
接待组	1. 客户邀约 2. 销售协助 3. 客户登记 4. 展区形象维护	2		
车辆组	1. 车辆安全运输 2. 洗车	3		
宣传组	1. 现场DM单页发放 2. 人偶服表演 3. 现场活动执行	4		
后勤组	1. 物资管理与发放 2. 物资采购 3. 交易支持	1		

五、活动流程

（一）前期准备

项目	内容		执行人
客源完成	1. 通知所有意向客户车展促销信息 2. 活动3天每天邀约5组保有客户，前来领取纪念礼品		
物料完成	展场物料	地毯、横幅、拱门、促销政策易拉宝、××汽车上市易拉宝、接待桌椅	
	车辆物料	车贴、车顶立牌、报价单、前后牌、相关表格	
	发布会物料	背景画、桩桶、警戒带、幕布、礼花、主持人、乐队、车模	
培训完成	针对性卖点培训	性价比、后轮驱动、非承载式车身、底盘	
	销售话术讨论	汽车销售中遇到的难点罗列出来，大家共同制定针对性话术	

（续）

（二）车展流程

项目	目的	时间节点	执行组	备注
××月××日				
入场、布展	以最快的时间进入销售状态	12:00以前	销售组 接待组 车辆组 宣传组	
午餐时间12:00～13:00				
气氛营造	DM单页发放	13:00～14:00	宣传组	必做
	卡通人偶走秀	14:00～15:00	宣传组	必做
	车展广播宣传	15:00～16:00	宣传组、联络组	选做
	试驾送礼	16:00～17:00	销售组	选做
××月××日				
销售整备	1. 展区及车辆卫生 2. 当日工作梳理	8:30～9:30	全体人员	
气氛营造	卡通人偶走秀	9:30～11:00	宣传组	必做
	车展广播宣传	11:00～12:00	宣传组	选做
午餐时间12:00～13:00				
发布会准备	揭幕车辆准备并保证安全	13:00～14:00	宣传组	
	礼炮准备			
	背景画安装跟进		沟通组	
	主持人、乐队和车模到位			
	发布会小礼品准备		后勤组	
上市发布会	炒作人气，宣传促销方案	14:00～15:00	流程另起	
气氛营造	卡通人偶走秀	15:00～16:00	宣传组	必做
	试驾送礼	17:00～18:00	销售组	选做

（续）

（续表）

××月××日				
销售整备	1. 展区及车辆卫生 2. 当日工作梳理	8:30～9:30	全体人员	
气氛营造	卡通人偶走秀	9:30～11:00	宣传组	必做
	车展广播宣传	11:00～12:00	宣传组	选做
午餐时间12:00～13:00				
气氛营造	DM单页发放	13:00～14:00	宣传组	必做
	卡通人偶走秀	14:00～15:00	宣传组	必做
	车展广播宣传	15:00～16:00	宣传组、联络组	选做
	试驾送礼	16:00～17:00	销售组	选做

（三）××汽车上市发布会流程

时间：××××年××月××日14：00～15：00
地点：车展现场主舞台
物料：小礼品20份、新车幕布1条、纸礼花1对
人员：乐队1组、走秀车模1组

时间	项目	内容	备注
14:00～14:10	热场	乐队表演热场	聚集人气
14:10～14:15	热场	主持人热场，派送小礼品	
14:15～14:20	新车揭幕	新车上市揭幕	领导揭幕同时，放纸礼花
14:20～14:30	模特走秀及产品介绍	主持人产品介绍	模特走秀的同时进行产品介绍
14:30～14:35	红包派送	抓住人气，派送小礼品	
14:35～14:50	促销政策宣读	主持人	
14:50～15:00	乐队表演	开始接受预订	

备注：礼品为盖有公章的礼品券，装入红包内。可凭礼品券到××汽车4S店展区换取磨砂杯一个。

（续）

六、促销政策及人员激励

（略）。

范本三：××汽车4S店××车展参展方案

××汽车4S店××车展参展方案

一、车展概况

（略）。

二、参展策略

××作为自主品牌的后来者和国际化程度较高的生产企业若想异军突起必须兼顾社会公众利益和自身独特价值。××的××车展参展既是企业形象和实力的展示，同时也承担了自主品牌开放、自信、积极融入世界汽车产业分工的态度。××车展××的展出必须以一种差异化的策略在世界产业分工和行业竞争中脱颖而出。

鉴于对车展的认识、判断和分析，本次车主的整体策略是：紧扣国际主题；突出企业传播；兼顾产品信息；重在现场展示。

三、氛围布置

（一）展台布置

（略）。

（二）现场宣传物料

现场宣传物料，具体如下表所示。

现场宣传物料

宣传物料	数量	说明
参数牌	5	“粘贴式”参数牌，以VI标识为主，针对展车的参数和性能及颜色不同，可将参数牌适当改变

（续）

（续表）

宣传物料	数量	说明
签到簿、留言板	2/5	邀请观众或重要嘉宾留言寄予，留言板采取可更换模式，当留言签满时，更换留言板
邀请函	100	邀请媒体或者重要嘉宾使用，邀请函采用三折页的形式，并在邀请函中附上地图，指引展台位置，处处表达出××公司的细心
展场员工胸卡	50	待定
VIP室、洽谈室门牌	5	配合展台的整体形象，制作统一的门牌，于细节处展现展会的整体风格
竖幅	1	竖幅用于悬挂在展馆外墙，吸引受众眼球，为××展台集客
音视频资料	1	声色并茂播放企业及产品宣传资料
企业宣传册	5000	日常传播使用，参展观众可随时向展台礼仪索取

（三）礼品规划

礼品规划，具体如下表所示。

礼品规划

项目	名称	数量	制作周期	目标
VIP礼品（二选一）	活磁墨绿功能玉玉席	15	30天	政府及行业贵宾
	派克笔新世纪系列	15	25天	政府及行业贵宾
媒体礼品（二选一）	联想移动硬盘	50	15天	媒体
	商务拉杆箱组合	50	20天	媒体
大众礼品（四选二）	手提袋	5000	20天	参展观众
	冰箱贴	10000	25天	参展观众
	吉祥四宝挂钩	10000	20天	参展观众
	旋转手机来电闪公仔	5000	20天	参展观众

（续）

（四）礼仪规划

礼仪规划，具体如下表所示。

礼仪规划

项目	明细	人数	主要工作	备注
模特	外模	1	为从意大利引进的主要中级轿车服务	考虑到展会特征和所要传达的理念，建议为使用中外模特配合使用
	国内模特	4	为其他四辆车辆服务	
	机动模特	1	机动使用	
礼仪	礼仪	3	配合公关活动及集客使用	可以公司内部人员兼任但要穿戴合适
接待人员	礼仪接待	3	负责参观人群引导、接待、发送小礼品	
	产品讲解	5	产品讲解	1辆车最低1人
保洁人员	保洁人员	2	负责场地清洁和产品清洁	

（五）现场活动规划

（略）。

四、公关传播

（一）传播信息梳理

1. 信息体系

信息体系将××参展信息分为媒体发布会、参展信息、展品信息、车展花絮四个层面进行公关传播。

信息体系

主题层面	主题信息
参展信息	（1）××高调参加车展信息发布（面积、布局、展车阵容、综合实力） （2）参展主题的诠释、企业理念与社会主题和展会主题的完美结合

（续）

（续表）

主题层面	主题信息
参展信息	（3）重要产经、行业领导参观××展台，对自主品牌的认可与期望 （4）公关事件的连续传播，全面传递信息主线
展品信息	（1）××轿车首次参展 （2）大改款××和电动车参展 （3）××全系展车的产品介绍、观众关注程度及市场前景预期
车展花絮及专访	（1）行业、政府领导参观××展区花絮、××领导车展专访花絮 （2）车模、表演、活动亮点花絮、重要嘉宾到场花絮 （3）车展期间突发事件等其他花絮

2. 信息主线

信息体系中各层面信息进行汇总，与策略主题相呼应，将“国际××、品质××、进取××”作为信息主线，全程进行贯穿传播。

（二）传播规划

1. 总体规划

分阶段信息设计：将××车展传播分为预热期、爆发期、展览期与后续期四个阶段，信息逐渐明朗并深入。

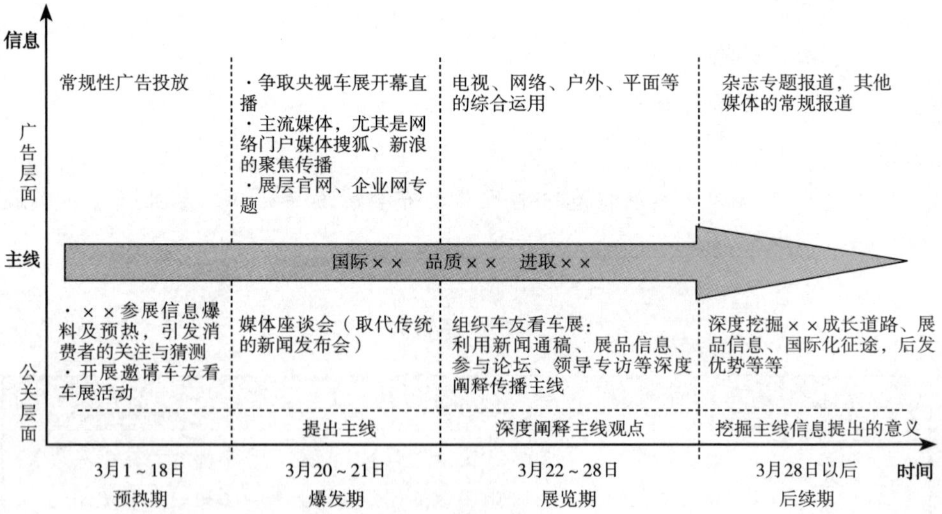

（续）

2. 广告传播

广告传播规划，具体如下表所示。

广告传播规划

媒体类型	预热期	爆发期	展览期	后续期
电视媒体	不做特别投放	与央视合作；争取央视的报道	地方电视台跟进报道	常规投放
网络媒体	进行预热性投放	与主要媒体合作，车展专题中专门重点报道；企业网站专题	与公关活动配合，主流媒体有重点报道；同时地方网络跟进	××车展总结软文通发
报刊媒体	日常投放	与区域重点媒体合作，让其在××车展专题汽车版面中给予报道	××车展专题中报道	××车展总结软文通发杂志刊发××××车展专题文章
展场媒体	不做特别投放	展会官方网站广告；展馆户外广告位	展会官方网站广告；展馆户外广告位	展会官方网站广告

3. 公关传播

事件1：媒体座谈会

背景：媒体日的传播是整个车展期间最为重要的环节，媒体是传播的直接载体，重视并利用好媒体日的传播尤其重要。

时间：3月21日15：00～17：00。

地点：××展台。

邀请媒体：所有能邀请到的××关系媒体。

事件2：车友看车展

目的：表达对车友朋友的关心和关爱。

时间：展会中后期。

邀请对象：××地区消费者。

（续）

操作概要：网上信息征集，电话报名，经销商组织。

4. 稿件及专访规划

（1）稿件规划。本届车展的稿件规划在传统的按企业、产品、活动信息撰写的基础上，建议按传播主题区分，有针对性的撰写。（此为稿件撰写示意，计划展会期间撰写5篇以上）

稿件规划

主题类型	标题	内容
国际××	《征战寰球——××国际征程进入快车道》	××跳出自主品牌的包围圈，进一步国际化，将自己定位为国际品牌。从××车展××的展位位于国际馆以及××高调的展会主题切入，阐述××今后的发展定位，发展目标以及品牌策略等
进取××	《科技创新——××锻造持久竞争力解读》	创新是国家和民族进步的根本力量，以产品的展示为载体，传递近年来××在发展道路、管理创新、商业模式创新道路上的成绩
品质××	《品质为根——××××车展演绎品牌之道》	此次车展，××曝光2款新车——具有欧洲血统的中级轿车，从而真正进入中高级轿车市场的搏杀。“买断—引进—再创新”的发展之路，不仅保证了品质的国际同步，更使××站在与国际巨人同台竞技的舞台

（2）专访规划。专访领导人安排：不同领导人针对不同话题接受采访。

专访规划

企业领导	话题方向	专访情况	时间	备注
公司战略领导	公司经营管理、企业战略层面	企业经营、财经类媒体、业内权威人士的专访	3月20日、21日	安排午餐

（续）

（续表）

企业领导	话题方向	专访情况	时间	备注
品牌方面领导	品牌建设	新闻发布会暨新车揭幕仪式后	展会期间	事先与媒体沟通确定
国际公司领导	国际合作、出口业务层面			
销售公司领导	销售、展会、产品层面			

五、分工预算

（略）。

第三章　汽车4S店庆典活动策划

章前导引

对于汽车4S店来说，策划一场成功的庆典活动能宣传企业的产品，提高企业的影响力。同样，在庆典活动中也可以邀请同行业以及周边行业的人而广交朋友，同时也会具有较高的新闻价值，这样通过网络或其他的方式也宣传了企业的知名度和美誉度。

第一节　庆典活动认知

一、庆典活动的概念

庆典活动是组织利用自身或社会环境中的有关重大事件、纪念日、节日等所举办的各种仪式、庆祝会和纪念活动的总称，包括节庆活动、纪念活动、典礼仪式和其他活动。

通过庆典活动，可以渲染气氛，强化组织的影响力，可以广交朋友，广结良缘，成功的庆典活动还可能具有较高的新闻价值，从而进一步提高组织的知名度和美誉度。

二、庆典活动的作用

一般来说，企业举办庆典活动，可引起下图所示的三大效应。

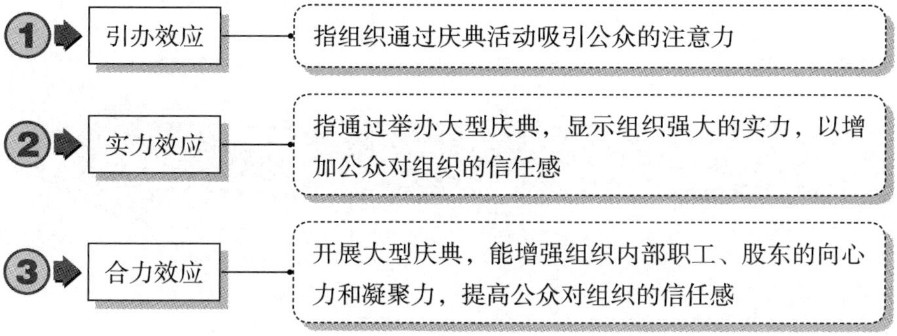

庆典活动的作用

三、庆典活动的种类

对于汽车4S店来说，举办的庆典活动主要有以下两种：

1. 开业庆典

开业庆典，又称开张庆典，主要为商业性活动，小到店面开张，大到酒店、超市商场等的商务活动。开业庆典不只是一个简单的程序化庆典活动，而是一个经济实体、形象广告的第一步。

（1）通过开业庆典活动，传递汽车4S店隆重开业的消息，扩大知名度，提高美誉度，树立良好的企业形象，为今后的生存发展创造一个良好的外部环境。

（2）进一步加强与当地媒体的互动和交流，为在区域市场的销售和推广营造一个良好的舆论环境，同时扩大在本汽车4S店行业内的知名度。

（3）开业的隆重运作，有利于增加员工对企业的信心，加强企业的凝聚力。

2. 周年庆典

一般在汽车4S店周年店庆时，会举办周年庆典活动，以此来提高汽车4S店人流量，最终达到推广销售的目的。

四、庆典活动的组织程序

庆典活动具体组织程序如下图所示。

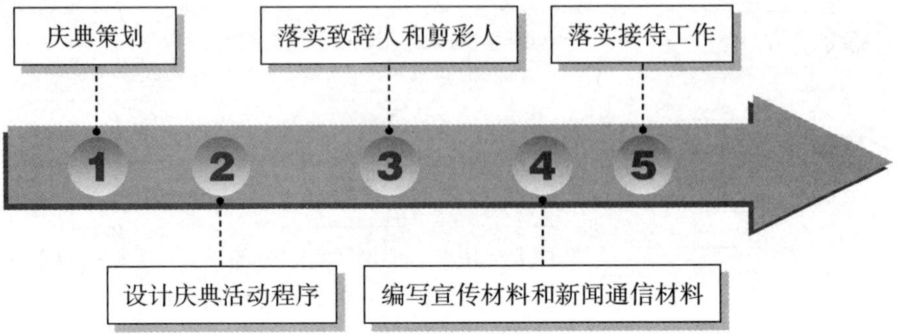

庆典活动的组织程序

1. 庆典策划

（1）确定来宾。

来宾组成：政府官员、地方实力人物、知名人士、新闻记者、社区公众代表、客户代表或特殊人物等。总之，来宾要具有一定的代表性。

（2）发放请柬。

发放请柬要求：请柬提前7～10天发放。重要来宾请柬发放后，组织者当天应电话致意，庆典头晚再电话联系。

2. 设计庆典活动程序

庆典活动的程序一般如下：

主持人宣布开典→介绍来宾→由组织的重要领导或来宾代表讲话→安排参观活动→安排座谈或宴会→邀请重要来宾留言或题字。

3. 落实致辞人和剪彩人

致辞人和剪彩人分己方和客方。己方为组织最高负责人，客方为德高望重、社会地位较高的知名人士；选择致辞人和剪彩人应征得本人同意。

4. 编写宣传材料和新闻通信材料

列出庆典主题、背景、活动内容等相关材料，将材料装在特制的包装袋内发给来宾。对记者，还应在其材料中添加较详细的资料，以方便记者写作新闻稿件。

5. 落实接待工作

设置接待室。对所有来宾，都应热情接待，耐心服务。对重要来宾，要由组织领导亲自接待。他们的签到、留言、食、宿均应由专人负责。

五、庆典活动的注意事项

庆典活动既是社会组织面向社会和公众展现自身的机会，也是对自身的领导和组织能力、社交水平以及文化素养的检验。因此，举办庆典活动时，公共关系人员应做到准备充分，接待热情，头脑冷静，指挥有序。一般说来，庆典活动应注意以下事项：

（1）确定好庆典活动主题，精心策划安排，并进行适当的宣传。

（2）拟订出席庆典仪式的宾客名单，一般包括政府要员、社区负责人代表、同行代表、员工代表、公众代表、知名人士、社团。

（3）拟订庆典程序，一般为签到、宣布庆典开始，宣布来宾名单，致贺词、致答词、剪彩等。

（4）事先确定致贺词、答词的人名单，并拟好贺词、答词，贺词、答词都应言简意赅。

（5）确定关键仪式人员，如剪彩、揭牌、托牌等有关人员；除本单位领导外，还应邀请德高望重的知名人士。

（6）安排各项接待事宜，事先确定签到、接待、剪彩、摄影、录像、扩音等有关服务礼仪人员。

（7）可在庆典活动中安排节目，如舞龙等，还可邀请来宾题词，以作为纪念。

（8）庆典结束后，可组织来宾参观本组织的设施、陈列等，增加宣传的机会。

（9）通过座谈、留言形式，广泛征求意见，并综合整理、总结经验。

第二节　庆典活动策划要点

一、全程媒体推广

汽车4S店在开业期间，要做好推广工作。以报纸为主，以最具影响力的报纸媒体或其他汽车、车友、时尚类杂志为辅。通过交通频道广告、网络媒体广告、户外广告及短信平台进行宣传。

同时，4S店市场推广部应携4S店所属品牌特色礼品拜访媒体及各大异业合作单位相关负责人。推广媒介策略，如下表所示。

推广媒介策略

序号	媒介	发布优势	报纸选择	发布时间	备注
1	报纸媒体	受众覆盖面广、相对电视媒体价格便宜，信息传播率高	当地最具影响力的报刊	开业前3日起在以上媒体同时投放广告	整版版面
2	户外广告	选择车流量大的路段、信息曝光率较大	开业前3个月	4S店盛大开业	
3	电台广告	针对性强、信息传播有效性高	当地交通频道	前1个月每日滚动发布	4S店盛大开业，诚邀参加活动（提示礼品赠送）
4	短信广告			前1个星期内发布3次	

二、参与人员规划

整个汽车4S店庆典活动中，人是开展所有事务的核心，因此管理者必须做好参与人员规划工作，如下表所示。

参与人员规划

类别	详细内容	人数	安排
贵宾	总部领导（含随从）		
	投资方领导（含随从）		
	网点领导		
	汽车行业应邀参加来宾		
工作人员	销售顾问		
	服务人员		
媒体	主流媒体		
执行公司	传媒公司		
演执人员	舞蹈等表演人员		
	礼仪		
人员共计			
备注			

三、相关人员邀请

1. 客户邀请

汽车4S店庆典活动中，一定要邀请相关人士，且可以制作一个如下表所示的客户邀请计划表，对整个客户邀约过程实现跟踪控制。

客户邀请计划

序号	邀约方式	时间	目标人群	负责人	项目进程反馈时间	内容	备注
1	短信邀约		基盘客户				
2	短信邀约		不定项客户				

（续表）

序号	邀约方式	时间	目标人群	负责人	项目进程反馈时间	内容	备注
3	发送邀请函		关键客户、官员			邀请到店参与剪彩和酒会	
4	电话邀约		潜在客户				
5	二次电话邀约		潜在客户				

2. 媒体邀约

要确定邀约媒体的类别、名称、姓名、职务、费用、人次等，并提前邀约。

3. 邀约跟踪

邀约，不仅是将邀约短信或邀请函发放出去就可以了，更要做好跟踪工作，确保邀约人员到位情况。

下面提供一份开业庆典邀请函的范本，仅供参考。

【范本】邀请函

邀请函

尊敬的××先生（女士）：

您好！

首先感谢您在过去的时光里对××汽车4S店的关注和支持！感谢您对我们所有工作的理解和肯定！在此，总经理××携公司全体员工为您送上最真挚的问候和最衷心的祝福！

我公司将于××××年××月××日（星期×、农历××月××日）举行开业庆典，诚挚邀请您的莅临。

时间：

地点：

联系人：

联系电话：

手机：

具体到达时间、出席人数，请予以确认并回复，以便我方安排具体招待事宜。后附回执表一份。

此致！

邀请人：×××

××汽车4S店

××××年××月××日

……………………………………………………………………

邀请函回执

单位名称：　　　　　　　　　　　　来访人数：

姓名	职务	到达时间	交通方式	联系电话

是否带车：是□否□（这个信息有助于安排停车等事宜。）

请务必于××××年××月××日前将此回执传真至××××××××，以便统一安排。

四、人员工作责任配置

为了确保庆典活动顺利进行，需做好人员配置，以便分工明确，责任落实到位，具体要求如下表所示。

庆典活动人员工作责任配置

项目	工作内容	姓名	电话	备注
活动总指挥	统一调配，指挥全局活动方案审批			

（续表）

项目	工作内容	姓名	电话	备注
筹备组	活动方案撰写			
	媒介、庆典代理接触、交流、布置工作			
	现场活动督导、控制负责人			
接待组	政府领导接待人员（包括邀请）			
	当地同行业高层接待人员（包括邀请）			
	当地媒体接待人员（包括邀请）			
后勤组	物料、纪念礼品采购及准备			
	开业餐会的采购及准备			
	保证水电、卫生、安全等突发事件紧急预案			
安保	维护好现场交通秩序，做好安保、清洁工作			
	应对突发事件预案			

五、人员配置目的

汽车4S店在庆典活动策划中，要做好费用预算工作，保证资金到位，既不浪费，也不能有资金不足的情况发生。

下面提供一份开业庆典活动运作预算的范本，仅供参考。

【范本】开业庆典活动运作预算

开业庆典活动运作预算

序号	项目	单价（数量）	小计（单位：元）
1	主持人（电视台）		
2	邀请函（特殊工艺印刷）		
3	背景版（室外）		

（续表）

序号	项目	单价（数量）	小计（单位：元）
4	舞台		
5	背景喷绘		
6	空飘		
7	拱门		
8	专业摄影师		
9	专业摄像师		
10	音响、话筒		
11	红地毯		
12	彩旗		
13	花篮		
14	礼仪		
15	车模		
16	车模礼服（租用）		
17	冷餐会		
18	托盘、花球		
19	皇家礼炮		
20	礼炮红花球制作		
21	台花		
22	胸花		
23	签到本		
24	签到笔		
25	椅子租用		
26	椅套租用		
27	椅套扎花制作		
28	演讲台		
30	休息室鲜花		
31	金布、钥匙、荣誉证书		
32	车顶花球		

（续表）

序号	项目	单价（数量）	小计（单位：元）
33	嘉宾礼品		
34	遮阳伞		
35	手提袋		
36	内场小提琴		
37	醒狮队		
38	冷焰火		
39	礼炮		
40	物料总费		
41	执行总费用		
	合计		

六、现场危机预防管理

1. 现场电力资源保障

活动期间需要有效避免停电带来的诸多麻烦。因此，为避免突发事件，保证活动进程万无一失，可以准备备用电缆或备用电源（发电机），提前检查场地线路，保证线路输入正常，在活动期间安排专业电工待命，处理突发电源问题。

2. 天气问题

（1）准备适量雨伞，雨伞套等，消除下雨给来宾带来的不便。

（2）准备适量大型遮阳伞，以防下雨给签到、停车接待带来不便。

3. 秩序问题

（1）在活动前与当地派出所进行充分沟通，随时处理突发治安事件。

（2）增加保安力量，维持现场秩序。

4. 现场气氛调动

在场下安排2～4名现场气氛调动人员。

5. 活动进程的流畅性保证

由专人负责对现场物资进行妥善处理并及时补给，安排2～4名催场人员。

6. 获奖来宾中途离开

如果有获奖来宾中途离开活动现场的情况发生，要确定离开事由，安排现场工作人员代为领取，如果已离去则重新抽取幸运客户。

7. 现场秩序

活动开始后结束签到，留1名签到人员值守善后，入口处安排4名保安维护进出秩序。

第三节　庆典活动策划案例

范本一：××汽车4S店开业庆典策划方案

××汽车4S店开业庆典策划方案

一、活动概述

（略）。

二、活动目的

（略）。

三、活动主题

（略）。

四、活动内容

活动时间：×月××日

活动地点：××汽车4S店

活动人数：100人左右（待定）

（续）

与会嘉宾：领导/嘉宾/媒体朋友等

现场布置：以××汽车的××为主题布置，突出××形象，使××品牌深入人心。

（一）前期准备工作

1. 活动策划方案最终确定、费用预算审定（活动前3个星期完成）。

2. 现场布置效果图确定。

3. 主要参加庆典活动的人员名单确定，并发出邀请函，外地嘉宾要安排住宿（活动前2个星期完成）。

4. 前期活动媒体宣传，店头物料布置（开业前一个月开始执行计划）。

5. 庆典活动纪念礼品准备（活动前三个星期要确定）。

6. 到店嘉宾的接待，现场区域人员安排。

7. 午宴地点、人数、菜单（活动前一个星期确定菜单，活动当天确定人数）。

（二）活动前工作准备与当天准备

1. 舞台搭建、展厅室内布置及户外布置。

2. 当天早上7点前开始完善庆典活动现场的布置。舞台、音响要再次调试；确认工作人员、活动人员的服装和人数；乐队简单排练，准备就绪。确认负责管理展厅各区域人员是否在位。

（三）媒体计划

活动现场媒体邀约：××日报、××晚报、××电视台、××电台。后期媒体宣传与活动：为加快宣传旗舰店推广工作，尽快吸引到店客户看书、试驾、购车等，借开业庆典契机，分别在××晚报、××电台、短信平台进行宣传。

（四）活动流程

6:00 所有公司内部人员及工作人员到达现场，做最后检查。

7:00 所有安保人员到位。

7:30 礼仪小姐、车模、演职人员到场准备完毕。

7:45 主持人、记者到场。

8:30 乐队开始表演，礼仪小姐全部就位，迎接来宾。

（续）

8:30　车模就位。

8:45　嘉宾陆续到场，乐队、礼仪小姐迎宾，并协助佩戴胸花、引导等工作。

9:00　来宾基本到场，随意参观。

9:18　主持人宣布仪式开始并邀请市领导讲话。

9:25　××公司领导讲话。

9:30　××汽车4S店领导讲话。

9:38　由领导和嘉宾一同为新车揭幕，鼓乐齐鸣，燃放礼炮，放飞气球。

9:40　由××汽车4S店领导引领嘉宾参观并介绍4S店。

10:00　由××汽车4S店领导宣布全城巡游活动车队出发。

（五）活动现场布置明细

五、活动推广宣传及费用

（略）。

六、活动执行费用预算

（略）。

范本二：广州××汽车4S店开业店堂庆典

广州××汽车4S店开业店堂庆典

一、活动主题

“感悟恒久魅力品味百年经典”广州××汽车4S店开业庆典

二、活动目的

1. 体现企业的风范与实力。
2. 昭示企业的成功开业，一个崭新的生命投入激烈的市场大潮。
3. 给本企业员工树立自信，坚定信心。
4. 扩大企业知名度和品牌知名度。

（续）

三、目标群体

1. ××公司、广州市政府、外汽集团、广州4S店等各级领导。

2. 汽车、文化界专业人士。

3. 新闻媒体 。

4. 同行业汽车经销商。

5. 客户。

四、 活动时间

待定

五、 活动地点

广州××汽车4S店

六、工作安排

成立专门的筹备小组，实行组长负责制责任分工到人，实行倒计时工作制。

（一）前期准备阶段:（提前二十天完成）

1. 制订详细活动方案，并上报上级各部门审核、修改。

2. 确定承办广告公司，就相关承办内容签订承办合同。

3. 召开一到两期筹委会，就细节问题进一步商定。

4. 按照项目实施方案的要求广告宣传工作应开始运作，第一批媒体广告开始投放。

（二）制作、实施阶段工作安排：（提前五天完成）

1. 发送请柬邀请各界人士参与本次开业庆典。

2. 各种活动用品（印刷品、礼品等）应完成制作，由专人负责保管。

3. 承办方方面完成活动所需物品的前期制作工作。

（三）现场布置阶段工作安排：（活动开始前一天完成）

1. 提前两天承办单位开始现场的布置工作，完成所有条幅、彩旗、灯杆旗的安装工作。

2. 现场的布置工作：提前一天完成主席台的搭建及背景板安装；完成主会场签到处、指示牌、嘉宾座椅、音响的摆设布置；完成充气拱门、高空气球的布置工作；完成花篮、花牌、礼宾花的制作工作；完成小气球的充气工作。

（续）

（四）活动实施阶段工作安排：（当天早晨完成）

1. 当天上午6: 00，所有公司内部人员及工作人员到达现场，做最后检查。

2. 上午7: 00，所有安保人员到位。

3. 上午8: 00，礼仪小姐、车模、演职人员到场准备完毕。

4. 上午8: 30，主持人、记者到场。

5. 上午9: 00，嘉宾陆续到场，军乐队、礼仪小姐迎宾，并协助佩带胸花，引导等工作。

七. 活动流程

暂定活动开始时间为上午8: 30。

8: 30　军乐队、舞龙舞狮开始表演，礼仪小姐全部就位，迎接来宾。

8: 45　车模就位。

9: 00　来宾基本全部到场，随意参观，激情小提琴开始演奏。

9: 18　主持人宣布仪式开始并邀请市领导讲话。

9: 25　××公司领导讲话。

9: 30　广州××汽车4S店领导讲话。

9: 38　由领导和嘉宾一同为新车揭幕，鼓乐齐鸣，燃放礼炮，放飞气球，舞龙舞狮表演。

9: 40　由广州××汽车4S店领导引领嘉宾参观并介绍4S店。

10: 00　由广州××汽车4S店领导宣布“重走百年路”××全城巡游活动车队出发。

范本三：××汽车4S店八周年庆典活动方案

××汽车4S店八周年庆典活动方案

一、活动前言

六年前，××汽车4S店正式开业，也开始了品牌的蓝色之旅，为××车市注入浪漫气息。而今走过了八年的汽车4S店，八年的积累与沉淀，使其在

（续）

××有了一片蓝色的疆土，汽车4S店实现了质的飞跃。在八周年之际，汽车4S店始终如一，懂得感恩，带给大家的依然是单纯的法兰西蓝色浪漫。

二、活动思路

一场好的活动可以在客户心中留下深刻的记忆，能给企业提高知名度和美誉度。本次汽车4S店八周年庆典活动将有别以往常规庆典活动。活动将坚持蓝色的浪漫为主线，全场布置以蓝色为主色调，创造浪漫氛围，悠扬的小提琴，生动的互动环节，新颖的抽奖仪式等，活动将以创意的方式带给客户不一般的体验与感受。在与客户共同度过浪漫之夜的同时，也让客户深深地感受到汽车4S店始终怀着感恩的心与客户分享。

三、浪漫氛围营造

围绕蓝色浪漫主题，整个氛围布置上以蓝色、白色为主色调，围绕蓝色浪漫主题，即突出了浪漫、简洁、大方，同时与品牌的格调相吻合。

（一）外场

正大门立大拱门，告示活动八周年庆典，增加喜庆气氛。外围设置建议不以常规的横幅为主，改成更能体现浪漫的花篮展示，大门两旁摆放20个精致的铁架花篮，以白色或粉色玫瑰为主，清新不失高贵，同时契合浪漫主题。花篮中间的夹道铺一条蓝色地毯至入口，整个格调相统一，同时使外场更有了整体性。

（二）舞台与背景

以蓝色为主色调，背景设计大气简洁，以品牌logo为主，不宜过多元素，简洁而且大气，同时舞台地毯以银灰为主，同时舞台围裙以深色为主，元素为品牌logo，整体更有层次感，同时也能体现出一种档次。

（三）观众区

以圆桌式摆放，铺白色桌布每桌放一小盆玫瑰插花，并且桌上放以蓝色、紫色为主的烛台，点点烛光在整个蓝色的氛围中闪闪发光，犹如浩瀚天空中的点点繁星，细节中体现出蓝色浪漫的主题。同时，椅子套上白色椅套，与桌子形成整体性。休息区设置精致冷餐，桌布也采用白色为主的高贵色调。

（四）展厅二楼栏杆

用喷绘写真形式记录汽车4S店走过的八年历程，挑选每年具有纪念意义

（续）

的活动，客户在进入会场能够一眼看到，让客户真切感受到汽车4S店与客户共同经历的这八年，更具感染力。

（五）天花板

通过灯光将品牌logo打到天花板上，品牌logo在天花板上移动，动静结合，使得整个空间充满了浪漫元素。

四、具体活动流程

具体活动流程

时间	工作事项	具体工作
6:00	现场布置完毕	音响、舞台、播放设备准备就绪；签到台、新闻稿、礼品、资料袋等准备完毕；演员开始彩排
6:30	现场人员就绪	演员彩排完毕礼仪、签到等相关工作人员就绪
7:00～7:30	嘉宾签到	（1）礼仪小姐引导嘉宾、记者签到，发放礼品券 （2）为嘉宾佩戴品牌八周年的纪念徽章，徽章采用夜光材质制作，嘉宾佩戴它进入会场时，犹如蓝色的精灵在蓝色的天空中自由飞翔，浪漫的气氛逐渐动了起来 （3）签到阶段会场始终播放品牌宣传片，加深客户对品牌的印象
7:30～7:35	开场秀	影片播放停止，全场灯光骤暗，背景播放倒计时（从5开始），倒计完的瞬间，激昂音乐起，灯光聚焦，烟雾弥漫中，一袭蓝衣的小提琴手上场，蓝色灯光配合激昂的小提琴演奏，开始了蓝色浪漫之夜，渲染整场气氛
7:35～7:45	主持人亮丽登场	追光灯起，主持人上场，串词渲染气氛，并介绍活动流程及到场嘉宾，宣布八周年庆典开始，邀请有关领导嘉宾致辞

（续）

（续表）

时间	工作事项	具体工作
7: 45～7: 55	领导（嘉宾）致辞	邀请公司领导致辞，隆重出场音乐起，领导上台发言，致欢迎词，讲述汽车4S店走过的八周年历程，八周年所取得的突破与成就，感谢在场的嘉宾们八周年来的支持，同时展望未来
7: 55～8: 10	车型浪漫演绎	（1）主持人串词（追光） （2）介绍完毕，音乐响起，蓝色灯光照在舞台的车上，烟雾从车底冉冉冒出，在烟雾弥漫中，两名穿白色服饰的舞者从车中走出，翩然起舞，与车完美地动静结合
8: 10～8: 30	互动环节——心有灵犀	介绍完毕，主持人串词要开始互动游戏环节，有精美礼品相送。同时邀请八对情侣或夫妻关系的嘉宾上台比赛，比赛内容为大家所熟悉一个比画一个猜，不容易出现冷场，加上主持人煽情，很容易调动现场气氛
8: 30～8: 50	魔术表演	游戏完毕，主持人串词，有请知名美女魔术师登场，配合蓝色灯光进行炫丽表演，同时与现场观众互动
8: 50～9: 00	舞蹈表演	互动完毕，主持人串词请出舞蹈演员，在柔和的灯光中演绎难舍的浪漫情怀。音乐悠长，舞蹈以轻柔为主。表演过程空中飘下蓝色花瓣，极具浪漫色彩
8: 50～9: 10	抽奖环节	（1）主持人邀请公司领导上台抽奖，抽奖确定号码后，主持人请嘉宾取出自己凳子底下的号码，请中奖的嘉宾上台，领导给予颁奖 （2）在欢乐中结束整场活动，同时告知凭借礼品券可到签到处领取一份礼品

五、活动具体细节

1. 每个来宾签到时都可以领取一个汽车4S店八周年的纪念徽章，礼仪小姐协助别于胸前，每个人产生对品牌的认知。

（续）

2. 自由活动时间，自助餐布置的别具特色，咖啡具和茶具以蓝色调点缀。

3. 所有工作人员统一着装，现场物料都以蓝色为主色调。

4. 现场设置灯光将品牌logo打到天花板上，使现场充满品牌元素，加深嘉宾印象。

5. 签到时只发放礼品券，在活动结束后再凭券领取。

6. 其他有关细节待进一步细化。

六、邀请名单及费用预算

（略）。

第四章　汽车4S店会员活动策划

章前导引

会员是汽车4S店赖以生存和发展的重要资源。汽车4S店不定期地举办会员活动，不仅可以将潜在用户和目标用户全部抓取，也能保持企业的品牌形象。同时，会员活动是将会员和企业联系起来的一个重要通道。

第一节　会员活动认知

一、会员业务的价值

客户服务的最高境界是一对一服务，在力所能及的基础上充分满足客户需求。会员制服务为这一境界的实现提供了可能性。

（1）在竞争激烈的前提下，只有通过会员制才能有效地锁定客户，减少投诉。

（2）客户服务的最有效手段是不断地与客户进行沟通，会员制服务就是要解决沟通问题。

会员业务给汽车4S店和客户均带来不同的价值，对汽车4S店而言，其价值体现在下图所示的方面。

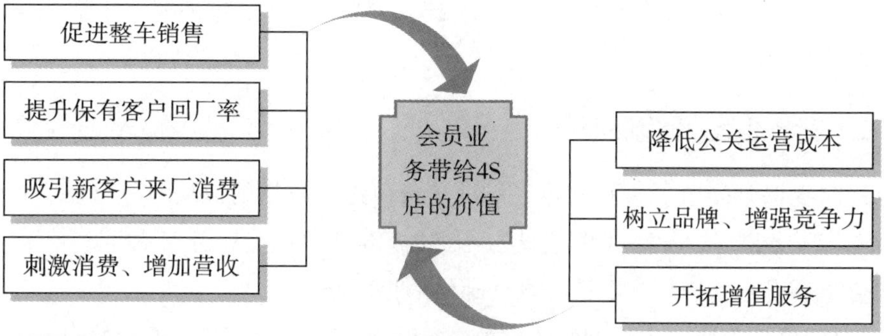

会员业务带给4S店的价值

而对于客户来说，会员业务的价值体现在下图所示的方面。

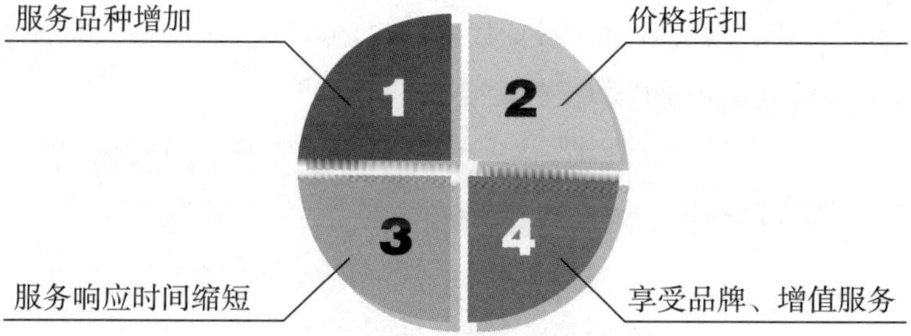

会员业务带给客户的价值

二、会员常见服务项目

1. 会员代办服务

会员代办服务包括定期保养提醒（提前1周）、车辆年检提醒（年检前1个月）、服务活动提醒（活动前1个月）、驾照审核提醒（提前1个月）、车辆规费提醒（以月为单位）、新车上牌代办、车辆年检代办、旧车交易代办、牌证补办会员可以选择短信、电话、电子邮件的提醒服务方式。

（1）代办服务的免费是指免代办的服务费，仅限城区范围内，项目本身发生的费用由会员承担。

（2）所有的代办服务均需在俱乐部规定时间内预付相关费用，再行办理，俱乐部不垫付。会员未预付费用，俱乐部将不予办理并不承担任何责任。

（3）会员在向汽车4S店工作人员交接车辆实施代办服务时，均需签署委托单（含验车程序）。

2. 新车保险及续保服务

保险续保享受最低折扣优惠、对汽车投保进行科学的保险险种组合、对保险索赔进行实务指导、保险代理免服务费代办、保险理赔免服务费代办。

会员可以选择短信、电话、电子邮件的提醒服务方式。

（1）俱乐部协办出险理赔的对象必须是已在本俱乐部参加保险的车辆。

（2）俱乐部协办出险理赔的车辆必须在本4S店维修。

（3）俱乐部协办理赔时，会员需提供真实、完整、齐全的相关材料，给予积极的配合，并签订委托书。

（4）会员入会、续会登记表缴费代办一栏内注明，出险后及时提供真实、完整、齐全的相关材料，并予以积极的配合。

（5）对非在本俱乐部办理车辆保险的会员，俱乐部也可提供协办理赔服务，但需收取总出险赔付额5%的服务费。

3. 会员贴心服务

会员贴心服务项目，具体如下表所示。

会员贴心服务项目

序号	服务项目	说明	备注
1	事故车、故障车现场抢修服务	（1）会员的车辆在行驶中陷入困境无法行驶，只致电24小时紧急救援电话，告知俱乐部卡号、姓名、联系方法、车辆所处地理位置等信息，可获得帮助 （2）汽车4S店工作人员详细询问车辆故障信息时，会员要详细如实提供并积极配合电话指导，以免产生不必要的抢修费用。若客户不配合电话指导而产生的救援费用，由客户负责 （3）确实需要抢修，专业救援人员将在接电后迅速赶至现场进行不解体、不换件的紧急抢修，使车辆恢复行驶 （4）外地抢修，过路、过桥、油费需按实支付	如因场地、设施等因素限制或因故障严重等原因致使救援人员无法现场修复的，则拖回4S店

（续表）

序号	服务项目	说明	备注
2	拖车服务	（1）在救援区域内会员按照不同的会员类别享受相应的免费拖车服务 （2）如果拖车的范围超出救援区域，则按一定标准进行收费	
3	现场换装备胎	（1）会员需随车自备足气备胎 （2）如需俱乐部提供轮胎，须事先说明车型、排量及钢圈、铝圈等情况，换新胎的材料费自理，工时费收费标准根据会员不同类别的相关标准执行	
4	紧急送油	会员车辆在行驶途中遇燃油用尽，自己无法解决时，致电24小时服务热线可获得送出汽油，油价按市价收取	

三、会员入会升级

1. 入会方式

汽车4S店不是靠卖会员卡来赚取利润，因此对于客户入会，不要设太高的门槛，而是要让全部的保有客户加入到会员俱乐部。

入会一般有销售入会、带车入会、消费入会、驾培入会、交会费入会五种方式。

2. 会员卡办理

会员要入会，首先第一件事情肯定是办理会员卡。汽车4S店可参考下图所示的会员卡办理流程。

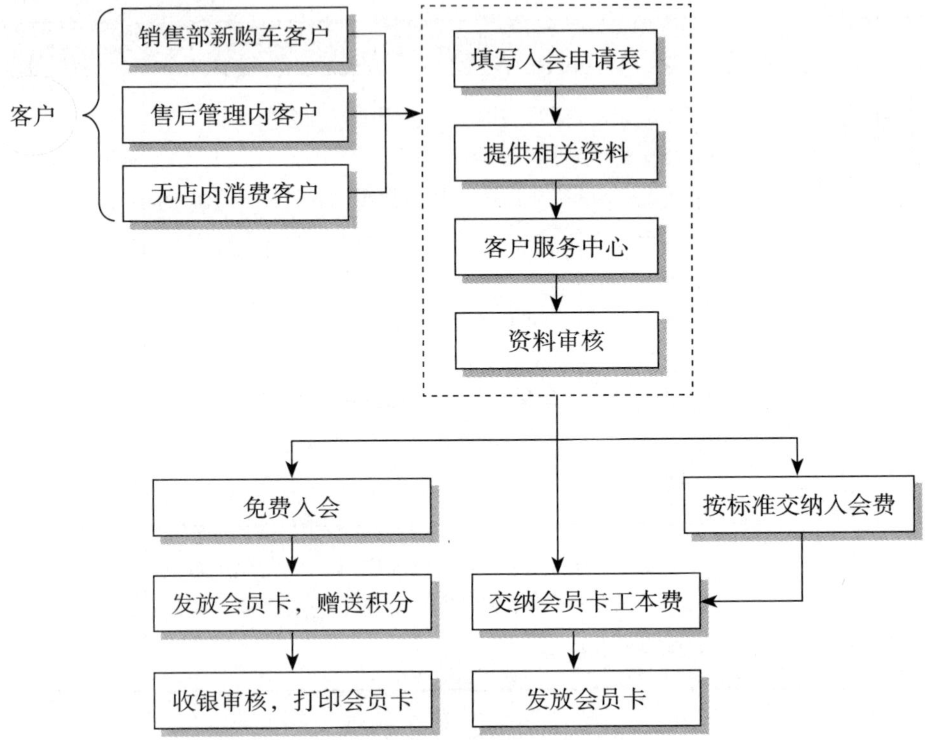

会员卡办理流程

3. 入会卡级别确定

基于80/20法则，对客户以往消费数据库进行分析，客户享受的会员卡级别参照客户以往对公司的忠诚、利润贡献度大小来决定。

4. 会员卡分类

会员卡可定义为（如钻石卡、金卡、银卡），按卡类别配备相应的服务包。

5. 会员资格期限

会员资格有效期为一年，会员资格到期，续会可以采用缴纳续会费、使用卡内积分抵扣（如用500积分）、续保金额在一定金额以上（如续保金额在3000元以上）等方式。

6. 会员升级

普通会员升级为高级别会员条件，可以采用累计消费积分达到升级条件时，直接进行升级；以一定的积分进行抵扣升级为高级别会员；入会后有一次正常维修金额在5000元以上等方式。

第二节　会员活动策划要点

通过对会员活动开展，一方面加强了客户同汽车4S店的紧密度，另一方面为车主会员提供了一个集娱乐、交朋识友、结识商务伙伴于一体的互动平台。

汽车4S店可以组织会员活动，包括组织同行业会员联谊，组织会员自驾游、组织会员与其他公司联谊，组织单身车友玫瑰之约，组织野餐、烧烤、秋游活动，组织车友迎新春文艺晚会等。下面主要介绍车主自驾游活动策划要点。

一、路线选择

根据参加车型和会员的驾驶技术，选择线路和景点。要尽量避开旅游高峰期，如果确定要去，最好“打时间差”提前在节前或节后去，避开熙熙攘攘的游人，这样才能充分享受到自驾乐趣。

二、制定路书

（1）每天详细行程安排。

（2）根据详细的交通地图册，选择行驶路线，计算行驶里程。

（3）开车路线（包括途经的地点、里程、道路特点等）。

（4）途经的景点风光简介、食宿安排等。

（5）整个行程的费用，包括保险、收费、导游、门票、住宿等。

三、时间安排

在进行时间安排时，一定要预留好机动时间。

（1）整体日程安排上，应该本着前紧后松的原则。自驾车旅游过程中，有可能因道路、天气或车辆故障等原因耽搁行程，所以最好不要把行程安排得过满，应留一定的机动时间。

（2）即使在路面条件良好的情况下，一天的行程也最好不要超过600公里。

（3）每天早些出发，尽量不要安排赶夜路，以确保行程安全。

四、联谊游戏、活动

（1）事先设计一些互动节目，准备一些实用的节目小奖品，将给自驾游增添不少意想不到的乐趣。

（2）设计的丰富节目，让车主们在自驾游过程中，不仅体验到了爱车的卓越性能，欣赏到了秀丽的自然风景，同时还增进了彼此的了解，结交了不少新朋友。

五、具体行车路线推荐

选择行驶路线的原则是，最好多选择高等级公路和国道，这些道路一般都有比较完善的路标和油站等服务设施，同时最好能避开拥挤道路，这些都有助于避免各种意外情况的发生。

六、活动装备

活动前必须告知所有参加的会员，需要准备哪些装备，俱乐部为大家准备哪些装备，可以让大家有充分的准备。

1. 必须携带的物品装备

必须携带的物品装备，如下表所示。

必须携带的物品装备

序号	类别	说明
1	衣物	根据行程时间提醒会员，天气会有变化，携带必要的防寒衣物
2	行车证件	身份证、驾驶证、行驶证、购置税、养路费
3	摄影／摄像器材	应注意电池、存储卡、录像带、胶卷是否充足
4	通用随车维修工具	应付一般换胎等简单紧急维修
5	手电	参加驾车游，不论是否有夜晚行动，都应带上手电

2. 为会员配备的设备

汽车4S店应该为会员配备的设备，如下表所示。

为会员配备的设备

序号	类别	说明
1	对讲机	为每一部车配备1台对讲机，方便联络及车内聊天
2	车载GPS	为每个小组配备1台导航系统
3	车载电源	有了电源，驾车行程中手机充电、看DVD、用电脑等就不用发愁了，俱乐部将为每一部车配备1套车载电源

3. 建议携带的物品设备

会员参加活动时，建议携带的物品设备包括下表所示的内容。

建议携带的物品设备

序号	类别	说明
1	随身药品	会员根据自己的身体情况携带防晕车、防过敏等的药品

（续表）

序号	类别	说明
2	保温杯（桶）	旅途中喝些热水是非常舒服的，建议会员携带不锈钢保温杯（桶），可以泡杯热茶或热咖啡

七、注意事项

（1）必须与所有人员签订自驾游安全协议书。

（2）出发前提醒会员给车加满油，并且必须检查好车辆，润滑油、助力油、刹车油、冷却液、轮胎气压、备胎、灯光等。

（3）提示会员仔细阅读路书，在车辆依次编号之后，各自熟悉一下前后车辆的颜色和车型。

（4）出发前要安排会员测试对讲机、检查电池，保证行驶过程中对讲机工作状态良好。

（5）提前约定会员上路后必须听从组织人员的安排，按编号依次行驶，遵守交通规则，不要随意超越前车，以免发生危险。尽量做到统一行动，若途中有特殊情况，及时与服务车人员及工作车人员联系。

（6）到达目的地后，组织人员安排会员依次、有序地将车辆停在指定位置，并提醒会员离开车辆时将车门锁好，车内不宜放贵重物品，以免遗失。

（7）为保证安全，要提醒会员进入景点必须跟着导游和团队，以免掉队，做到走路不看景，看景不走路，大景不放过，小景不流连，拍照不要慌，先对身后望。转换景点前组织人员必须清点人数。

（8）提醒随行会员，不要随便进入未开发的景区，以免迷失方向。游山不宜背负太多行李。

第三节　会员活动策划案例

范本一：北京现代××4S店积分换礼活动开始啦

北京现代××4S店积分换礼活动开始啦

为感谢新老客户对北京现代××4S店的信赖与支持，值此迎新年之际，特举办会员积分换礼活动。凡本店会员客户，持卡在店内做维修保养，所产生的费用均可转化为有效积分，参与本次积分换礼活动。

只要您卡内积分大于500分，你就可以带着一份精美礼品回家。时间紧迫，礼品数量有限，赶快开着您的爱车来九儿同瑞4S店行动吧。

一、积分兑换流程

客户持卡到店，在客服部查询积分，兑换礼品时积分在系统进行相应的抵扣。

序号	积分	兑换礼品
1	500分	玻璃水
2	1000分	泡沫清洗剂
3	1500分	汽车摆件
4	2000分	方向盘套
5	3000分	香水座
6	4000分	钥匙包
7	5000分	头枕一对
8	6000分	车载吸尘器
9	7000分	车载充电器
10	8000分	旅行水壶
11	9000分	车衣
12	10000分	电热水壶
13	15000分	乐扣套装
14	20000分	商务拉杆箱

（续）

二、活动日期

××月××日至××月××日。

另：保养，维修提前一天预约也可享受会员折扣，机会不容错过，赶快行动起来吧！

我们的预约热线：××××××××。

范本二：××汽车4S店汽车自驾游活动方案

××汽车4S店汽车自驾游活动方案

一、活动目的

1. 进一步树立××品牌形象，向会员全面推介××汽车。

2. 配合新款××汽车的上市，使广大消费者尤其是目标客户及时了解新品的全面情况。

3. 通过此次活动加深老客户对新款××汽车的印象，提高目标客户对品牌的向心力，从而最终实现提升品牌知名度、促进新款车型销售，扩大××影响力的目的。

4. 突破以往新品上市举办新闻发布会的传统信息发布模式，使客户在独到新颖的活动中亲身体验××汽车的高性能、高省油性，以达到自然的口碑广告宣传效果，有力地补充新品推广的广告宣传渠道。

5. 夏日结伴出游，将令汽车4S店和相关客户及媒体之间的关系更加亲密，同时，也可以收集到更多、更准确、更真实的市场反馈信息，以利于汽车4S店更好地开展市场推广工作。

6. 如果此行效果良好，可不定期地开展这一活动，通过系列活动的方式不断增进汽车4S店与客户之间的感情。具体活动人数可以根据实际情况而定。

二、活动时间

6月下旬（双休日）

（续）

三、活动主题

（略）。

四、活动地点

（略）。

五、活动对象

1. ××汽车4S店所有会员。

2. 媒体人员。

六、具体操作

（一）前期准备

（1）前期宣传：在××杂志上进行××新品的前期宣传，预告“××一日游，××伴我行”的活动信息，引起广大受众对此次活动的关注。

（2）由销售部人员联系会员及有购买意象的客户，并说明××汽车自驾游的相关事项。

（3）车辆准备：老车主自驾车（是否需要客户加满油需要待定），公司提供免费检测服务。

（4）其他人员驾驶汽车4S店提供的××汽车。路线图分发给各客户。

（5）汽车4S店对报名参加自驾游的人员进行筛选、确认，并决定最终来宾名单（参加人员是否可以携带1名同行人员需要待定）。

（二）活动线路

起点：××汽车4S店

终点：××××

路线：可根据市场推广需要决定行进路线，考虑到双休日车辆较少，可以适当选择一些繁华地点经过，以扩大××的品牌影响力。

（三）活动内容

1. 前期准备

（1）8: 00所有会员在××汽车4S店集合。

（2）8: 00～8: 45，工作人员负责对车辆停放位置统一安排，并逐一对参加自驾游的车辆及人员进行登记，相关人员对来宾车辆以及所有参加自驾游的××汽车进行统一装饰，张贴印有活动主题和××标志的车身贴，并对车

（续）

辆进行编号，在车头及车尾醒目位置张贴号牌。工作人员向每位参加自驾游的人员发放行进路线图和活动注意事项说明。

（3）8:45召开简短的活动说明会（介绍行进路线、注意事项等）。

（4）9:00车队从汽车4S店出发，按计划路线至××（或其他活动地点），车队领队人员及陪驾人员由汽车4S店统一安排。

（5）10:30～11:00车队需行驶1～2小时（根据道路交通情况而定），有车辆掉队或出现任何意外时，车队将继续前行，由活动服务保障人员负责处理相关事务。所有车辆按编号行驶，不能私自超车和停车，通过红绿灯路口时，通过和没通过车辆均必须报告，通过车辆须慢行等待未通过车辆，如有其他事宜，须和总领队随时联系，应保持整个车队队形一致，以安全驾驶为第一原则，同时也可以更好地展示××品牌的整体形象。

2. 活动当日

（1）11:30，车队到达目的地，进入活动场地，到车辆驾驶人员工作人员处签到，领取资料袋和纪念品，同时报名参加各项游戏，各项游戏将以展板形式在签到台处予以宣传（在发放传统纪念品的同时，也可以考虑发放一些当地的特产等）。

（2）11:50客户进入主会场，汽车4S店领导致辞。

（3）11:55～13:00酒会（可特意安排一些当地最具特色的农家菜以突出农庄游的别致之处。）

（4）13:00～13:20客户自由交流、休息。

（5）13:20～15:00户外互动活动——旅游景点，××竞技场。

（6）13:00～15:30客户游览当地景点（可根据实际情况选择一两个景点游览）。

（7）16:00活动结束，车队返程。

七、出行注意事项

（1）自备个人生活卫生物品、户外休闲旅行服装、换洗衣物、旅游鞋、棉袜等。

（2）公司配备药品：晕车灵、止泻药、创可贴、感冒药等，其他药品自备。（注意行车中不能使用含氯苯那敏成分的药品，以免影响安全驾车。）

（续）

（3）个人自备饮用水、零食、相机等旅游物品及身份证驾驶证、行驶证、车辆使用税、保险费单等与车及车主有关的证明材料。

（4）自驾车装备：千斤顶、后备胎、专用维修工具、易损零配件一批、备足油量、车况的安全检查（油路、电路、刹车、底盘、方向、冷却液、车灯等）。

（5）所有参与活动者，必须严格遵守有关规定及工作人员安排，注意安全，忌酒后开车和疲劳驾驶，切勿擅自脱离队伍活动，以免发生意外。

范本三：××汽车4S店车友会——迎新年联谊会

××汽车4S店车友会——迎新年联谊会

一、活动目的

为加强车友会会员与公司、社会各界之间的交流，增进各方面的友谊，特举办“车友会年会”活动，倡导车友会的车友会员们文明驾车从我做起，争做带头人。汽车拉近了城市之间的距离，也拉近了热爱生活的年轻人的友谊。在活动中，既能让平时在都市繁忙中疲惫的身心得到休息和释放，又能在活动中认识新朋友，交流生活体验，分享精彩和快乐。

二、活动宗旨

倡导文明驾车，增进车友会会员之间的友谊，提升车友会在社会上的形象与地位，促进车友会健康良性发展，促进车友会与公司之间的合作。

参加人数：30人

礼品：凡参加本次活动的车友会员们都将免费得到价值300元的礼品卡一张，另每车送免费四轮定位一次。

三、活动概述

活动主题：××汽车车友会迎新年联谊会

活动时间：（略）。

活动地点：（略）。

（续）

活动邀约对象：所有车友会会员

邀约方式：短信平台、电话通知、网络宣传、平面广告

四、活动前期宣传工作

1. 店内（条幅、海报、展架）进行店面的宣传。

2. “短信平台”为车友会员们发送活动时间、地点。

3. 《××晚报》进行报纸宣传。

4. ××网络宣传。

5. 易车网。

五、活动内容

本次迎春车友联谊会活动主要分为2个部分：

车友联欢滑雪：
车队开车前往新村飞天滑雪场，在滑雪场体验冬日的别样风情。并拉近车友间的距离，增进车友间的感情。从而达到此次活动的目的。

车友新年会餐：
在展厅联谊会活动结束后，还特意为车友们安排了新年会餐，拉近与车友间的距离。车友联欢共同迎接崭新的20××年。

六、活动前期的物料

1.制作条幅以及宣传用品。

2.海报的制作、车友俱乐部章程条款及活动签到本。

3.活动中冰上拔河比赛的绳子及获胜队的精美小礼品。

4.设计××汽车品牌、××汽车车友会会标及会旗。

七、活动当日人员安排

人员	执行项目
	当天现场总指挥

（续）

（续表）

人员	执行项目
	公司领导讲话
	来展厅签到、客户接待
	司机
	照相
	维护活动现场秩序
	车队车辆的维修

八、活动当日流程

8:00　客户来展厅签到。（销售顾问做好引领工作）

8:40　车队向滑雪场出发。（车队按序号行驶）

9:30　车队到达滑雪场。

9:40　车队成员集合点名之后拿雪具滑雪开始。（一定听从教练的指导）

10:20　组织车友进行游戏环节。（获奖者有精美礼品）

11:30　车队所有成员合影留念。

12:00　滑雪结束，组织车队按序号前往饭店会餐。

12:30　车队到达会餐饭店。

12:50　车队联谊会会餐开始，总经理举杯发言。

13:00　市场部代表公司发言。（感谢车友在过去一年里对××品牌汽车的支持，对平时工作的配合）

15:30　会餐结束，全体车友会员合影留念。

九、注意事项

1. 发扬团队协作精神，倡导自助与必要的互助相结合的活动理念。顾全大局，有良好的集体观念以及良好的时间观念，乐于帮助其他人。

2. 如果车友中途要退出活动，一定要向负责人打招呼，以确保车友安全。

3. 车队行驶过程中要保持车距，按照序号行驶不要超车，如果有掉队的车辆，其他车辆有义务帮助掉队车辆。

（续）

4. 滑雪本身是有危险性的活动，滑雪期间一定要听从指挥，不得擅自离队，一定要注意安全。

5. 准备急救箱以及一些常用药物，工作人员要维护好现场秩序。

十、活动预算

（略）。

第五章 汽车4S店公益活动策划

章前导引

在4S店利润逐年下滑的当下，大多数车商还是依靠厂家提供的经费举办活动，为缩减成本，其对自身形象活动的举办显得非常慎重。因此，对于想打造自身品牌的车商，“社会效应大”成为其最重要的指标，更好地塑造企业形象的公益活动逐渐成为品牌打造的“新招”。

第一节 公益活动认知

一、什么是公益活动

公益活动是组织从长远着手，出人、出物或出钱赞助和支持某项社会公益事业的公共关系实务活动。公益活动是目前社会组织，特别是一些经济效益比较好的企业用来扩大影响，提高美誉度的重要手段。因此，汽车4S店可以采用公益活动的形式来提高影响力。

二、公益活动类型

一般来说，汽车4S店参与的公益活动，有下图所示的几种类型。

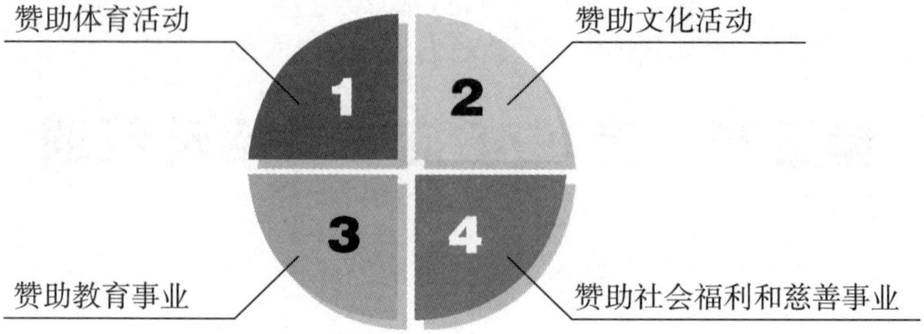

公益活动类型

1. 赞助体育活动

体育活动拥有广泛的观众，往往也是新闻媒体报道的对象，对公众的吸引力比较大。因此，赞助体育活动，往往是社会组织公益活动的重要选择。常见的有赞助某一项体育运动、赞助某一次体育比赛，以及赞助体育设施的购置等多种方式。

2. 赞助文化活动

文化生活是社会生活的重要内容之一。组织进行文化生活方面的赞助，不仅可以促进文化事业的发展，丰富公众的生活内容，而且可以培养与公众的良好感情，大大提高组织的知名度。这类赞助方式有：一是对文化活动的赞助，如对大型联欢晚会、文艺演出、电视节目的制作和电影的拍摄等赞助；二是对文化事业的赞助，如对科学与艺术研究、图书的出版和文化艺术团体等赞助。

3. 赞助教育事业

赞助教育事业，常见的赞助方式有四种，如下表所示。

常见的赞助方式

序号	方式	说明
1	赞助学校的基本建设	如图书馆、实验楼等的建设，或者为贫困地区建校办学、修缮校舍或场地
2	赞助学校专项经费	如专项科研基金和设立奖学金等
3	赞助教学用品	如设备、器材和图书资料等
4	赞助学术理论研究活动	

4. 赞助社会福利和慈善事业

赞助社会福利和慈善事业，是指组织通过出资参加社区市政建设，为各种需要社会照顾的人员提供物质帮助和开展义务服务活动等措施。

常见的赞助社会福利和慈善事业形式有赞助养老院、福利院、康复中心、公园、少年宫，在一些地区或单位遭受灾难时提供资助，出资修建社区马路、天桥以及赞助残疾人事业等。

三、公益活动的作用

汽车4S店开展公益活动，主要有下图所示的四个方面的作用。

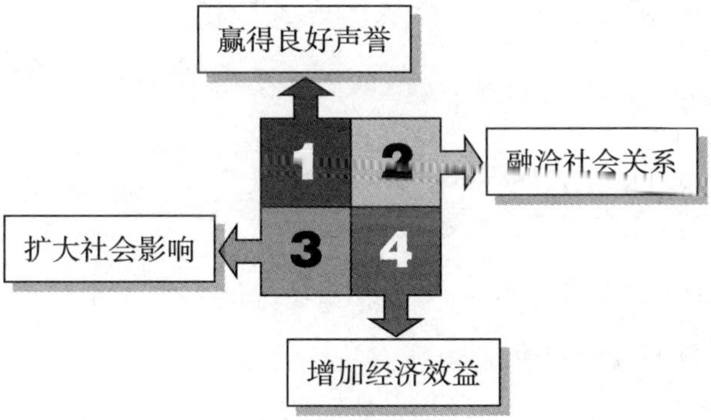

公益活动的作用

1. 赢得良好声誉

组织开展公益活动，体现了助人为乐的高贵品质和关心公益事业、勇于承担社会责任、为社会无私奉献的精神风貌，能够给公众留下可以信任的美好印象，从而赢得公众的赞美和良好的声誉。

2. 融洽社会关系

组织开展公益活动，多数是对社区公益事业、福利和慈善事业的赞助，能够密切与社区有关公众的联系，融洽社会关系。

3. 扩大社会影响

组织开展公益活动，可以配合公共关系广告攻势，通过新闻媒介，扩大组织影响。

4. 增加经济效益

提高汽车4S店的知名度和影响力，加深与公众之间的感情，融洽社会关系，会给公众留下深刻的印象，公众会从对组织的良好印象，会联想到组织产品的良好形象，这有利于组织经济效益的增加。

比如，2008年汶川地震，王老吉捐出1亿元，其产品形象大大提升，所达到的效果比用1亿元所做广告达到的宣传效果要好得多。

第二节　公益活动策划要点

一、制定赞助政策

根据汽车4S店的现状、目标、政策和经济能力，决定年度公益活动赞助金额，制定切实可行的赞助政策。

二、传播赞助信息

公共关系人员应该把汽车4S店的赞助政策，通过适当的传播渠道和传播方式传递给可能向本汽车4S店提出赞助要求的单位。

三、确定赞助对象

（1）掌握赞助对象情况。包括赞助对象业务内容、社会信誉、公众关系、面临问题等，以便有选择地进行赞助。

（2）了解赞助项目情况。包括项目提出的背景，对公众的影响力，花费的财力、人力与物力情况，以及操作实施过程中可能出现的困难和问题等。

（3）进行成本效益分析。即进行赞助成本（汽车4S店付出的全部财力、人力、物力）与综合效益（赞助活动可能获得的经济效益与社会效益）进行分析比较。

（4）认真确定赞助对象。汽车4S店的赞助活动应纳入科学管理的轨道，即以汽车4S店的公共关系目标、面对的社会环境为出发点，按照有利于汽车4S店综合效益提高的原则，充分考虑多方面利益，协调平衡，确定赞助对象，防止盲目赞助或因个人主观感情色彩而影响赞助。

四、沟通赞助对象

已经批准确定的赞助对象，要及时通知对方做好实施准备。对不能满足或者不能全部满足赞助要求的对象，应该坦率相告，诚恳解释原因，争取互相理解。

五、实施赞助计划

汽车4S店应安排专门公共关系人员或汽车4S店专门工作班子，负责赞助活动的具体实施。

（1）负责分工落实。对整个赞助活动中的各个项目或环节，应分派具体人负责落实，各负其责，密切配合。

（2）运用公关技巧。在实施过程中，公共关系人员应充分运用各种公共关系技巧与方法，以求最佳效果。

（3）扩大汽车4S店影响。赞助活动本身就是为了扩大社会汽车4S店的影响，因此，在赞助活动中，应尽量利用多种传播方式、途径，帮助主要活动的开展，扩大其影响。如利用大众传播媒介广泛宣传报道，利用广告传播烘托气氛，强化效果。

六、进行效果评估

赞助活动完成后，应进行效果评估，要总结经验，吸取教训，应注意以下几个方面：

（1）评估公众评价与反响。

（2）评估赞助计划完成情况。

（3）制作赞助活动的声像资料。

（4）写赞助活动总结。

（5）做好新闻报道剪报资料的存档工作。

第三节　公益活动策划案例

范本一：××汽车4S店“捐资助学”公益活动方案

××汽车4S店“捐资助学”公益活动方案

一、活动主题

共同成长××见证。

二、活动招募时间

（略）。

三、活动招募地点

××汽车4S店展厅内。

四、活动举办时间

（略）。

五、活动举办地点

（略）。

六、活动内容

购买××款向“希望工程”献爱心“1+1助学”活动

七、活动主办

××汽车销售有限公司、××青少年儿童基金会

八、活动参与媒体

××电视台、××交通台、××广播、××网、××报等。

（续）

九、活动目的

树立品牌的社会形象，扩大产品知名度及美誉度，树立用户群体的良好社会口碑，弘扬互助友爱的精神。

十、活动详情及形式

1. 详情：在活动期间购买××款客户相当于向“希望工程”捐助1名小学生3年的学费。爱心车主及××4S店通过××儿童少年基金会及当地妇联，将钱款捐给受捐学校。

2. 形式：××4S店内招募。

十二、活动方案

（一）前期推广招募

1. 平面媒体：通过报纸广告宣传活动信息网络，网站活动信息宣传（详情到店咨询）。

2. 店面宣传：通过店头宣传物向到店客户宣传此次活动的信息。

3. 短信群发：通过短信平台向××潜在客户宣传活动的信息。

（二）准备阶段

文字资料、图片资料需要当地妇联和受捐助学校提供，用于本次活动的宣传。

十三、活动基本流程

1. 参与活动的爱心车主在指定地点规定时间集合，向爱心车主讲解活动行程安排及注意事项。

2. 对爱心车队进行编号，并清点人数及捐赠物品，驾车前往目的地。

3. 活动现场“一对一”捐助仪式。

4. 受捐助同学代表发言。

5. 爱心车主代表感言。

6. ××汽车4S店领导讲话。

7. ××青少年儿童基金会领导感言。

8. 爱心车主自由活动（参观学校或到受捐助同学家访）。

9. 在规定时间、指定地点集合车队，返回。

范本二：××汽车4S店爱心公益营销活动及车友近郊游玩执行方案

××汽车4S店爱心公益营销活动及车友近郊游玩执行方案

一、活动背景

（略）。

二、活动目的

通过爱心公益捐赠活动，提升××汽车品牌形象的同时为客户提供一次参与公益活动的机会。利用城市近郊游玩活动，为客户带来愉悦的驾驶体验彰显××品牌汽车的优质性能，提高××汽车的市场影响力和品牌口碑。

三、活动内容

（一）爱心捐助

捐赠对象：待实地考察后确定。

活动人数：20台车左右（每车4人）。

活动形式：

邀请15～20名××汽车俱乐部会员（家有儿女且年龄在4～8岁）及部分意向车主（以家庭为单位），老车主开车携带新车主，4人为一组，到店集合，发放活动统一物料。

车队整装，形成统一的视觉效果，增强车队在行进中的视觉冲击力，邀请1～2家电视媒体跟拍。

抵达当地政府安排的统一捐赠场所举行捐赠仪式，对成绩优异的贫困学子给予特别鼓励，并选择数户当地贫困家庭上门探访捐款。

（二）自驾游玩

活动人数：30台车左右（每车4人）。

活动形式：

安排××汽车俱乐部会员与意向客户同车共游，增加新老客户之间的沟通，实现用车感受的传递与交流，打造口碑传播的最直接渠道。

四、前期筹备

景点（学校）排查：排查城市周边贫困学校，并与该学校负责人联系，

（续）

了解学校基本信息、学校到城市的距离与实践；排查学校附近可进行游玩的地区，在捐赠活动结束后携带新老车主在附近的景点地区进行游玩。

线路排查（踩点）：在确认捐赠学校及旅游景点的前提下，安排工作人员进行实地考察，以确保路线的准确与行程的安全——踩点时间可按城市的不同情况进行调整。

选手招募（客户邀请）：向新老车主介绍活动形式，邀请新老车主参与本次活动。

五、自驾路线

（略）。

六、活动预算

（略）。

范本三：行有道，爱无界——关爱自闭儿童JEEP汽车公益慈善会

行有道，爱无界——关爱自闭儿童JEEP汽车公益慈善会

一、活动目的

借助本次爱心活动为特殊群体儿童尽一份力，增加媒体曝光度，提升品牌的社会公信力，树立良好形象，增加品牌美誉度。

通过一系列拍卖活动为公益组织募集善款，让客户以合适的价格购买车辆，以客户名义奉献爱心，同时增加品牌汽车的销量，一举多得。

二、爱心捐助机构——天津童之舟

天津童之舟，是天津第一家自闭症儿童的培训机构，在民政局注册的民办非营利性组织，由自闭症孩子家长所创立。机构成立于2002年8月，原名“天津刘氏”。2010年9月，机构经过全面整合，正式更名为“天津童之舟儿童发展中心”。“童之舟”这个有着“同舟共济，风雨同舟”含义的新名字，祝福我们的孩子虽经历风雨，但可以乘舟一直驶向幸福的明天。

（续）

三、活动概况

活动名称：行有道，爱无界

关爱自闭儿童天津JEEP爱心公益捐助活动

活动宣传：4S店官方微博微信、车惠网

活动人员：JEEP客户与潜在客户

四、活动调性

以浓厚的文化氛围彰显高雅，以温馨的公益活动展现柔情，以丰富的互动内容尽享尊崇。

五、活动布置

1. 现场布置签到心愿墙，制作爱心形状，来宾到场后礼仪为每人分发一朵粉色玫瑰，黏贴在爱心内，形成独特的爱心墙，寓意“汇聚爱心”。

2. 来宾签到后，每人将会获得一个JEEP特制圆筒，里面装有本次公益活动定制的T恤一件，为来宾制造惊喜，同时能够营造公益活动的氛围。

3. 现场展示爱心车辆，制作爱心车贴，并配以鲜花气球装饰，重点展示车辆，并凸显活动主题。

4. 互动任务卡

制作互动游戏任务卡，客户到场签到后发给客户，并向客户介绍互动环节及意义（现场布置易拉宝进行互动说明展示，让客户更加明确），客户根据要求完成互动，便可获得JEEP爱心胸章一枚，同时客户完成互动后4S店将为天津童之舟捐款××元。

六、活动流程

本次活动流程围绕捐赠主题整体分为三个环节：

1. 互动游戏捐赠：开场前期引导客户进行互动赢得爱心徽章，4S店即捐赠相应善款。

2. 现场购车捐赠：客户现场购车，4S店即捐赠相应善款。

3. 物品拍卖捐赠：组织字画、礼品等进行拍卖，购买者成交金额捐赠。

具体流程安排如下表所示：

（续）

	时间	项目	备注
	15:00～16:00	客户签到	参加团购活动的客户签到；工作人员登记客户信息，领取签到礼品
互动游戏捐助	15:00～	书画展览	现场进行书画展览展示，并邀请名家现场创作字画，古筝伴奏配合
	15:00～	互动游戏	“心中有爱”，在名人指导下，每个客户用毛笔书写“爱”字，得到认可便过关
	15:00～	茶艺表演	专业人员进行茶艺表演
	15:00～	互动游戏	“品茗人生”，在茶艺老师指引下品茶，选出正确的茶品，过第二关
现场购车捐助	16:00～16:05	沙画表演	沙画演出开场，介绍自闭症，将客户带入氛围
	16:05～16:10	主持人登场	向客户问好，介绍嘉宾及活动概况
	16:10～16:20	车型介绍	销售顾问对JEEP活动车型进行介绍
	16:20～16:25	宣读规则	主持人介绍本次公益团购活动环节及参与方式
	16:25～16:35	团购政策公布	销售总监宣布团购捐赠政策及爱心车竞拍
	16:35～16:40	宣布购买名单	如有订单，主持人宣布客户购买名单刺激其他客户的购买欲，销售跟踪洽单
互动游戏捐助	16:40～16:45	古筝表演	互动环节，客户听表演猜乐曲的名字，并将答案写在互动卡上，答对赢得徽章
	16:45～17:00	赢得徽章	统计结果，为完成互动客户发爱心胸章，并将相应善款放入捐款箱
爱心义卖捐助	17:00～17:10	儿童作品拍卖	自闭儿童作品拍卖
	17:00～17:20	书画作品拍卖	名人现场字画进行拍卖
	17:20～17:25	公布善款	主持人统计并公布本场活动募得善款金额
	17:25～17:30	捐赠仪式	JEEP4S店负责人天津童之舟自闭儿童康复机构负责人进行捐赠仪式
	17:30～17:35	合影留念	向购车及拍卖客户致谢，成交客户集体合影
	17:35～	活动结束	主持人宣布活动结束

参 考 文 献

[1] 佚名．微信推送图文消息不可忽视的细节．亚宁传媒，2015-07-08.
[2] 佚名．汽车4S店微信公众号运营的七大误区．百盛软件，2016-07-29.
[3] 郭贵辉．微博营销之植入式广告营销．网络营销教学网站，2012-09-23.
[4] V车界．如何提高4S店展厅的集客量．汽车之家，2015-12-17.
[5] 佚名．“微博4S店”玩转2.0社会化营销．亮亮网站，2016-06-11.
[6] 窝窝网店通．提升汽车销售转化——看4S店用APP玩营销．好酷网，2015-06-10.
[7] V车界．团购是4S店的解药还是毒药?汽车之家，2015-07-31.
[8] V车界．4S店大客户开发的六大门道．汽车之家，2015-07-14.
[9] 娱乐车栅子．你未必都看过的汽车创意广告（一）．第一车网，2016-02-16.
[10] 合一互动V视界．车企“跨界营销”如何跨界不出界？．微滴微信头条，2015-03-26.
[11] 许亚杰．属于体育的夏天将至，汽车营销准备好了吗？．搜狐汽车，2016-06-13.
[12] 刘军．汽车营销实战全攻略．北京：化学工业出版社，2015.
[13] 刘军．汽车4S店销售模式与案例．北京：化学工业出版社，2014.
[14] 刘军．汽车4S店活动策划一本通．北京：化学工业出版社，2015.
[15] 刘军．汽车4S店活动策划全案．北京：化学工业出版社，2012.

附录：

汽车销售管理办法（征求意见稿）

第一章 总 则

第一条 为促进汽车市场健康发展，维护公平公正的市场秩序，加强对消费者权益的保护，根据国家有关法律、行政法规，制定本办法。

第二条 在中华人民共和国境内从事汽车销售及相关服务活动，适用本办法。

第三条 本办法所称汽车，是指由动力驱动，具有四个或四个以上车轮的非轨道承载的车辆，且在境内未办理注册登记的新车。

第四条 在境内销售汽车的供应商、经销商，应当建立完善的汽车销售和服务体系，提高营销和服务水平，保证相应的配件供应和售后服务。

汽车供应商、经销商应当向消费者提供及时、有效的售后服务。

汽车供应商、经销商销售汽车应当严格遵守汽车产品三包、召回等规定，确保消费者合法权益。

第五条 本办法所称供应商，是指为经销商提供汽车资源的境内生产企业或接受境内生产企业转让销售环节权益的经营者以及进口汽车进行销售的经营者。

本办法所称经销商，是指获得汽车资源并进行销售的经营者。供应商直接向消费者销售汽车的，视为经销商。

第六条 鼓励发展共享型、节约型汽车销售及售后服务网络。

加快发展城乡一体的销售及售后服务网络。

推动汽车流通模式创新，积极发展电子商务。

大力加强新能源汽车销售和售后服务体系建设。

第七条 汽车销售活动应当遵循合法、自愿、公平、诚信的原则。

第八条 国务院商务主管部门负责全国汽车销售管理工作，国务院价格、环境保护、交通运输、质量监督检验检疫等管理部门在各自职责范围内负责汽车销售有关监督管理工作。

地方商务、价格、环境保护、交通运输、质量监督检验检疫等管理部门分别在各自的职责范围内，负责本行政区域汽车销售有关监督管理工作。

第二章 行为规范

第九条 供应商、经销商销售的汽车、配件以及其他相关产品应当符合国家有关规定。不得销售国家法律、法规禁止交易的产品。

经销商出售未经供应商授权销售的汽车，或者未经境外汽车生产企业授权销售的进口汽车，应当以书面形式向消费者做出特别明示和提醒，并明确告知消费者责任主体。

第十条 经销商应当在经营场所以适当形式明示所销售汽车、汽车配件等商品价格和各项服务收费标准，不得在标价之外加价销售或收取额外费用。

第十一条 经销商应当在经营场所明示所出售的汽车产品质量保证、保修服务及消费者需知悉的其他售后服务政策，出售家用汽车产品的经销商还应当在经营场所明示家用汽车产品的“三包”信息。

具备汽车售后服务功能的经销商、售后服务商应当向消费者明示售后服务的技术、质量和服务规范。

本办法所称售后服务商是指提供汽车维护、修理等服务活动的经营者。

第十二条 供应商、经销商不得限定消费者的户籍所在地，不得对消费者限定汽车配件、用品、金融、保险、救援产品的提供商和售后服务商，但家用汽车享受“三包”服务、召回处理等由供应商承担费用时使用的配件和服务除外。

经销商销售汽车时不得强制消费者购买保险或者强制为其提供代办车辆注册登记等服务。

第十三条 经销商向消费者销售汽车时，应当核实登记其有效身份证明，签订销售合同，并如实开具销售发票。

第十四条 供应商、经销商销售汽车应当同时交付以下随车凭证和文件，并保证车辆配置表述与实物配置相一致：

（一）国产汽车的《机动车整车出厂合格证》；

（二）使用底盘改装国产汽车的《机动车底盘合格证书》；

（三）进口汽车的货物进口证明和进口机动车检验证明等材料；

（四）产品一致性证书，或者进口汽车产品特殊认证模式检验报告；

（五）产品中文使用说明书；

（六）产品保修、维修保养手册；

（七）家用汽车的“三包”凭证。

第十五条　供应商不得限制配件生产商的销售对象，有关知识产权法律法规另有规定的除外；不得限制经销商、售后服务商转售配件。

供应商应当及时向社会公布停产或者停止销售的车型，并保证其后至少10年的配件供应以及相应的售后服务。

第十六条　经销商、售后服务商销售或者提供配件应当如实标明原厂配件、非原厂配件、再制造件、修复件等，明示生产商（进口产品为进口商）、生产日期、适配车型等信息。向消费者销售或者提供原厂配件以外的其他配件时，应当予以提醒和说明。

列入强制性产品认证目录的配件，应当取得强制性产品认证并加施认证标志后方可销售或者在售后服务经营活动中使用。

第十七条　供应商、经销商应当建立健全消费者投诉制度，明确受理消费者投诉的具体部门和人员，并向消费者明示投诉渠道。投诉的受理、转交以及处理情况应当自收到投诉之日起7个工作日内通知投诉者。

第十八条　供应商应当向经销商提供相应的营销、宣传、售后服务、技术服务等业务培训及技术支持。

供应商、经销商应当及时在本企业网站或经营场所公布与其合作和终止合作的售后服务商名单。

第十九条　供应商采取授权方式销售汽车的，授权期限（不含店铺建设期）一般每次不得低于3年，但首次授权期限不得低于5年。本办法实施前授权期限累计不足5年的，应当将累计授权期限至少延至5年。

供应商、经销商应当于授权期满3个月前通知对方是否延续。如双方未通知的，应当视为自动延续授权，授权期限与上次授权期限相同。双方协商一致的，可以提前解除授权合同。

第二十条　供应商发生变更时，应当妥善处理相关事宜，确保经销商和消费者的合法权益。

经销商不再经营供应商产品的，应当将客户、车辆资料和维修历史记录移交给供应商，不得实施有损于供应商品牌形象的行为；其中，家用汽车产品经销商不再经营供应商产品时，还要及时通知消费者，在供应商的配合下变更承担“三包”的经销商。供应商应当保证为消费者继续提供相应的售后服务。

第二十一条　未违反合同约定被供应商解除授权的，经销商有权要求供应商按不低于双方认可的第三方评估机构评估价格收购其销售、检测和维修等设施设备，并回购相关库存车辆和配件。

第二十二条　供应商可以要求经销商具备满足经营需要和维护品牌形象的基本功能、为本企业品牌汽车设立单独展区，但不得对经销商实施下列行为：

（一）要求同时具备销售、售后服务等功能；

（二）限制经营其他供应商商品；

（三）规定整车、配件库存品种或数量，或者规定汽车销售数量，但在签署授权合同或合同延期时就上述内容达成一致的除外；

（四）限制经营本企业汽车产品的经销商之间相互转售；

（五）要求承担以汽车供应商名义实施的广告、车展等宣传推广费用，或者限定广告宣传方式和媒体；

（六）限制为其他供应商的汽车提供配件及售后服务；

（七）限定不合理的经营场地面积、建筑物结构、有偿设计单位、建筑单位、建筑材料、通用设备以及办公设施的品牌或者供应商；

（八）搭售未订购的汽车、汽车配件和用品等商品；

（九）干涉人力资源和财务管理以及其他属于经销商自主经营范围内的活动。

第二十三条　供应商营销奖励等商务政策应当遵循公平、公正、透明的原则，不得对经销商有歧视性政策；汽车供应商应当向经销商明确商务政策的主要内容，对于临时性商务政策，应当提前以双方约定的方式告知；对于被解除授权的经销商，应当维护其在授权期间应有的权益，不得扣押或延迟支付销售返利等资金。

第二十四条　除合同另有约定外，供应商在经销商获得授权销售区域内不得向消费者直接销售汽车。

第二十五条　未经供应商授权或者授权终止的，经销商不得以其授权销售汽车的名义从事经营活动。

第三章　监督管理

第二十六条　外商投资设立供应商、经销商应当符合外商投资有关规定。

第二十七条　供应商、经销商应当自取得营业执照之日起1个月内通过全国汽车流通管理信息系统备案基本信息。

本办法实施以前已设立的供应商、经销商应当自本办法实施之日起1个月内按前款规定备案基本信息。

供应商、经销商应当按商务主管部门的要求，及时通过全国汽车流通管理信息系统报送汽车销售数量、种类等信息。

第二十八条 经销商应当建立销售业务、用户档案等信息管理系统，准确、及时地反映本区域销售动态、用户要求和其他相关信息。汽车销售、用户等信息档案保存期不得少于10年。

第二十九条 供应商、经销商应当配合海关、公安部门开展走私、盗抢等嫌疑车辆调查，提供车辆相关信息。

第三十条 商务、价格、环境保护、交通运输、质量监督检验检疫等管理部门应当依据各自职责，对汽车销售活动实施监督检查，监督检查可以采取下列措施：

（一）进入供应商、经销商从事经营活动的有关场所进行现场检查；

（二）询问与监督检查事项有关的单位和个人，要求其说明有关情况；

（三）查阅、复制有关文件、资料，检查相关数据信息系统及复制相关信息数据；

（四）依据有关法律法规采取的其他措施。

进行现场检查，应当经本部门负责人批准。现场检查采取定期和随机抽查的方式进行，一年内现场检查次数累计不超过2次。现场检查时，检查人员不得少于2人，并应当出示合法证件。检查人员进行询问和检查应当制作笔录，并由被询问人或者被检查单位负责人签字。

相关管理部门根据投诉依职责进行的现场检查不受上述次数限制。

第三十一条 商务主管部门应当会同价格、交通运输、公安、质量监督检验检疫等管理部门建立企业信用记录，纳入全国统一的信用信息共享交换平台。对供应商、经销商有关违法违规行为依法做出处理决定的，应当录入信用档案，并及时通过“信用中国”网站或其他渠道向社会公布。

第三十二条 有关行业协会、商会应当加强行业自律，提供相关信息咨询、宣传培训等服务，开展行业监测和预警分析，调解交易纠纷。

第三十三条 对违反本办法规定的行为，任何单位和个人有权向相关管理部门举报。接到举报的有关部门，应当及时调查、依法予以查处，并为举报人保密。

第四章 罚 则

第三十四条 违反本办法第九条第二款、第十一条第一款、第十二条、第十五条、第十六条第一款、第十八条第二款、第十九条、第二十条、第二十二条、第二十三条、第二十四条、第二十五条有关规定的，由商务主管部门责令限期改正；逾期拒不改正的，由商务主管部门给予警告或视情节轻重处以违法所得最高3倍不超过3万元的罚款；没有违法所得的，处以不超过1万元的罚款。

第三十五条 违反本办法第十七条、第二十七条、第二十八条有关规定的，由商务主管部门责令限期改正；逾期拒不改正的，由商务主管部门给予警告。

第三十六条 违反本办法第九条第一款、第十条、第十一条第二款、第十六条第二款有关规定的，由相关部门依据有关规定予以处罚。

第三十七条 商务、价格、环境保护、交通运输、质量监督检验检疫等管理部门的工作人员在汽车销售监督管理工作中滥用职权、玩忽职守、徇私舞弊的，依法给予处分；构成犯罪的，依法追究刑事责任。